Josef Haverkamp

100 Fragen zum Beschäftigtendatenschutz

Fragen und Antworten

Mit Online-Quiz unter
www.bund-verlag.de/faq-quiz

Josef Haverkamp

100 Fragen zum Beschäftigtendatenschutz

DSGVO / BDSG – Rechte und Pflichten
Praxistipps
Mitbestimmung für Betriebs- und Personalräte

BUND
VERLAG

In diesem Buch wird eine geschlechtergerechte Sprache verwendet, die alle Menschen unabhängig von ihrer Geschlechtsidentität sichtbar machen soll. Wo immer möglich, verwenden wir neutrale Begriffe oder inklusive Formulierungen. Diese Schreibweise soll Frauen, Männer sowie nicht-binäre und intergeschlechtliche Personen gleichermaßen ansprechen. Wir sind uns bewusst, dass Sprache nicht alle Lebensrealitäten vollständig abbilden kann. Unser Ziel ist es dennoch, durch eine bewusste Wortwahl ein Zeichen für Vielfalt und Gleichberechtigung zu setzen.

Bibliografische Informationen der Deutschen Nationalbibliothek
Die Deutsche Nationalbibliothek verzeichnet diese Publikation in der Deutschen Nationalbibliografie; detaillierte bibliografische Daten sind im Internet über *http://dnb.d-nb.de* abrufbar.

Umschlag: fsvk designbüro für visuelle kommunikation, Großostheim
Satz: Dörlemann Satz, Lemförde
Druck: Druckerei C. H. Beck, Berger Str. 3, 86720 Nördlingen

ISBN 978-3-7663-7524-7

kontakt@bund-verlag.de
www.bund-verlag.de

Inhaltsverzeichnis

Abkürzungsverzeichnis

Art.	Artikel
BAG	Bundesarbeitsgericht
BDSG	Bundesdatenschutzgesetz
bspw.	beispielsweise
BEM	betriebliches Eingliederungsmanagement
BetrVG	Betriebsverfassungsgesetz
BfDI	Bundesbeauftragte für den Datenschutz und die Informationsfreiheit
BPersVG	Bundespersonalvertretungsgesetz
BYOD	Bring your own device«, deutsch »bring deine eigenen Geräte mit«
DSB	betrieblicher oder behördlicher Datenschutzbeauftragter
DSGVO	Europäische Datenschutz-Grundverordnung
EDSA	Europäischer Datenschutzausschuss
EU	Europäische Union
EuGH	Europäische Gerichtshof
GPS	Global Positioning System, deutsch »Globales Positionsbestimmungssystem«
IP	Internetprotokoll
IT	Informationstechnologie
KI	Künstliche Intelligenz
LAN	Local Area Network = Lokales Netzwerk
LPVG	Landespersonalvertretungsgesetz
Nr.	Nummer
TOM	technische und organisatorische Maßnahmen
PC	Personal Computer
MAV	Mitarbeitervertretung

S.	Seite
SGB	Sozialgesetzbuch
sog.	sogenannt
u. a.	unter anderem
usw.	und so weiter
vgl.	vergleiche
WLAN	Wireless Local Area Network = drahtloses lokales Netzwerk
WWW	World Wide Web
z. B.	zum Beispiel

Einleitung

Viele Menschen stöhnen auf, wenn sie das Wort Datenschutz nur hören: Sie empfinden ihn als lästig und denken »Ich bin viel zu unwichtig, als dass ich etwas am PC oder im Internet befürchten muss«. Das ist nicht so.
Im Privatbereich werden immer mehr Bankkonten durch Hacker abgeräumt oder nach der Bezahlung eines Artikels im Internet, wird kein Produkt geliefert. Zudem lassen sich über viele Menschen sehr genaue Informationen im Internet finden: Der Name, die Adresse, das Auto, Vorlieben, Wohnungsausstattung, Freunde und Bekannte, Urlaubsorte, was sie trinken … Quelle für die letztgenannten Beispiele sind »soziale Netzwerke« die zumeist von den Betroffenen selbst ins Netz gestellt wurden.
Firmen und Verwaltungen haben andere Probleme. Erpressersoftware sperrt alle Daten in einem Netzwerk und legt so Krankenhäuser, Stadtverwaltungen oder Firmen über Monate lahm. Andere Schadsoftware vernichtet Daten oder spioniert Betriebs- oder Geschäftsgeheimnisse aus.
Diese Liste für beide Bereiche lässt sich problemlos verlängern.
Die Datensicherheit und den Datenschutz im Privatbereich sicherzustellen ist Aufgabe jedes einzelnen Menschen, in der Arbeitswelt ist der Arbeitgeber dafür zuständig.
In diesem Buch geht es um einen Teilbereich des Beschäftigtendatenschutzes. Es geht um den Datenschutz im Arbeitsverhältnis.
Durch Maschinendaten, GPS-Software und »Künstliche Intelligenz« (KI) werden so viele personenbezogene Daten von Beschäftigten erzeugt, dass eine »gläserne« Belegschaft entstehen kann.
Der Datenschutz in Deutschland hat das Ziel die persönlichen Daten von Verbrauchern, Beschäftigten und Firmen und Behörden zu schützen!
Das Wissen über das, was das Datenschutzrecht fordert, ist insbesondere bei Beschäftigten häufig bruchstückhaft.

Das versuchen Arbeitgeber dann auszunutzen, um Daten über Beschäftigte zu sammeln und auszuwerten. Das wird ihnen durch die Vernetzung von elektronischen Geräten und immer mächtiger werdende Auswertungssoftware leicht gemacht.
Zudem dient es dazu, Beschäftigten oder ihren Interessenvertretungen Informationen vorzuenthalten. »Das darf ich Ihnen nicht geben. Das unterliegt dem Datenschutz!« ist dann das (Schein-)Argument. Das stimmt aber häufig nicht und ist nur eine Schutzbehauptung.
Um sich zu wehren, müssen Beschäftigte nicht zu Datenschutzspezialisten werden. Es reicht, wenn sie ein Grundwissen in diesem Thema haben. Stellen sich offene Fragen oder kommt es zu Auseinandersetzungen beim Datenschutz, so gibt es Möglichkeiten, sich kompetente Hilfe zu holen. Diese Hilfen geben betriebliche oder behördliche Datenschutzbeauftragte, Betriebs- und Personalräte, Mitarbeitervertretungen und die Aufsichtsbehörden für den Datenschutz.
Fragen rund um den Beschäftigtendatenschutz beantwortet dieses Buch.
Um die Lesefreundlichkeit in dieser Buchreihe zu erhöhen, wurde auf die Nennung von Paragrafen und Urteilen verzichtet. Im Buch finden sich daher nur die Aussagen, die den Datenschutz erklären und den Umgang mit ihm erleichtern.

A. Grundlagen des Datenschutzes im Arbeitsverhältnis

Um den Datenschutz im Arbeitsverhältnis richtig zu verstehen, benötigen gesetzliche Interessenvertretungen zuerst einmal Vorkenntnisse. Bei diesen Vorkenntnissen geht es darum, was unter Datenschutz verstanden wird, welche gesetzlichen Grundlagen der Datenschutz in der Praxis braucht und in welchem Verhältnis er zu anderen Gesetzen steht. Zudem ist es wichtig einige Begriffe im Datenschutz und was dahinter steckt zu kennen, da sie oftmals schon die Problematik umreißen. Neben diesen Vorkenntnissen geht es in diesem Kapitel schon um konkrete Fragen im Datenschutz.

1. Was versteht man unter Datenschutz im Arbeitsrecht?

In der Frage steckt schon ein Teil der Antwort: Der Datenschutz schützt die personenbezogenen Daten von Beschäftigten. Es geht zuerst einmal nicht um Betriebs- und Geschäftsgeheimnisse oder den Schutz der Informationstechnik (IT). Es geht um echte Menschen, um die Beschäftigten. Da in einem Arbeitsverhältnis sehr viele personenbezogene Daten von Beschäftigten anfallen, würden Arbeitgeber gerne all diese Daten nutzen. Das dürfen sie prinzipiell auch, allerdings nicht für jeden Zweck und mit Einschränkungen. Der Datenschutz regelt, welche Daten der Arbeitgeber unter welchen Bedingungen nutzen darf.

2. Wie ist der Datenschutz gesetzlich geregelt?

Der Datenschutz in Deutschland wird hauptsächlich in zwei Gesetzen geregelt: der »Europäischen Datenschutzgrundverordnung« (DSGVO) und dem »Bundesdatenschutzgesetz« (BDSG). Allerdings gibt es noch eine Reihe von weiteren Gesetzen, die ebenfalls Datenschutzvorgaben machen, aber nicht für alle Beschäftigten und ihre Interessenvertretungen gelten. Besonders wichtige Gesetze sind das »Betriebsverfassungsgesetz« (BetrVG), das »Bundespersonalvertretungsgesetz« (BPersVG), die Landesdatenschutzgesetze, die Personalvertretungsgesetze der Länder, die Mitarbeitervertretungsgesetze und die Sozialgesetzgebung für die Schwerbehinderten und Gleichgestellten.
Die DSGVO gilt immer. Bei den anderen Gesetzen ist es davon abhängig, wo man arbeitet (Firmen, Behörden, kirchlichen Einrichtungen…). So haben beispielsweise die Kirchen eigene Datenschutzgesetze. Entscheidend ist aber immer die DSGVO, kein anderes Gesetz darf schlechter sein als die DSGVO.

3. Welche personenbezogenen Daten darf ein Arbeitgeber über »seine« Beschäftigten sammeln?

Die Verarbeitung personenbezogener Daten in der DSGVO und dem BDSG unterliegen dem sogenannten »Verbot mit Erlaubnisvorbehalt«. Konkret bedeutet das, dass die Verarbeitung personenbezogener Daten nur dann erlaubt ist, wenn sie durch eine Rechtsvorschrift (Gesetz, Verordnung …) ausdrücklich erlaubt oder angeordnet ist oder Betroffene dazu ihre Einwilligung gegeben haben (siehe auch die Fragen 6 und 10).
Der Begriff »Betroffene« bezeichnet die Menschen, um deren personenbezogenen Daten es geht.

4. Was sind personenbezogene Daten im Arbeitsverhältnis?

»Personenbezogenen Daten« ist der wichtigste Begriff im Datenschutz: Darunter fallen der Name, Geburtsdatum, Adresse, die IP-Adresse etc. von Beschäftigten.
Das beginnt mit personenbezogenen Daten in den Bewerbungsunterlagen und dem Arbeitsvertrag und erstreckt sich über das Arbeitsverhalten und Leistungsdaten bis hin zu Krankheitsdaten und dem Ausscheiden aus Betrieb oder Verwaltung.
Diese Daten entstehen u.a. bei der Nutzung von Computern oder Maschinen, der Speicherung von personenbezogenen Daten, bei einer Videoüberwachung oder beim E-Mail-Verkehr. Unterschätzt werden häufig die Maschinendaten. Selbst Maschinen in der Produktion sagen viel über die dort arbeitenden Menschen aus, da sie Produktionsdaten wie Stück- und Ausschusszahlen, Fehlbedienungen, Produktionszeiten und mehr protokollieren. Diese Produktionsdaten können dann den Menschen, die dort gearbeitet haben, zugeordnet werden.
Überall in Betrieben und Verwaltungen fallen personenbezogene Daten der Beschäftigten an. Die dürfen aber lange nicht für alles genutzt werden, was den Arbeitgebern vorschwebt. Zudem müssen sie immer vor einem unberechtigten Zugriff geschützt sein.
Statt von personenbezogenen Daten wäre es sinnvoller, von personenbeziehbaren Daten zu sprechen. Es ist noch nicht einmal unbedingt notwendig, den Namen oder ein Geburtsdatum zu haben, um festzustellen, um wen es sich handelt. Ein Beispiel: Eine Person ist beispielsweise häufig schon aus der Ferne am Körperbau oder am Gang zu erkennen. Der Begriff der personenbezogenen Daten ist daher sehr eng auszulegen.

5. Welche Rolle spielt die DSGVO und das BDSG im Arbeitsverhältnis?

Die DSGVO ist das entscheidende Gesetz beim Datenschutz im Arbeitsverhältnis. Es gilt in Deutschland und in allen anderen Ländern der Europäischen Union (EU). Die DSGVO gibt u. a. den Rahmen vor, in dem sich die anderen Gesetze beim Datenschutz im Arbeitsverhältnis bewegen dür-

fen. Dazu gehört auch das BDSG, in dem die konkreten Anforderungen zum Datenschutz im Arbeitsverhältnis stehen.
Ermöglicht wird das in der DSGVO durch sogenannte Öffnungsklauseln, die länderspezifische Regelungen, quasi als Untergesetze, für die DSGVO ermöglichen.
In Zweifelsfällen gilt immer die DSGVO, außer die Datenschutzregelung in einem anderen Gesetz oder einer Kollektivvereinbarung (Tarifvertrag, Betriebs- oder Dienstvereinbarung) ist besser für die Beschäftigten.
Die Mitbestimmungsrechte von gesetzlichen Interessenvertretungen (Betriebs-, Personalräte und Mitarbeitervertretungen) sind durch den Datenschutz nicht bedroht. Im § 26 des BDSG steht ausdrücklich, das Interessenvertretungen die personenbezogenen Daten von Beschäftigten verarbeiten dürfen, um ihren Rechten und Pflichten nachzukommen. Aber auch sie müssen sich an die Datenschutzvorgaben aus der DSGVO und dem BDSG halten.

6. Welche Grundsätze der DSGVO sind für Arbeitgeber relevant?

Die Grundsätze des Datenschutzes sind in der DSGVO in Artikel 5 klar geregelt. Mit den Grundsätzen der DSGVO kann schnell überprüft werden, ob eine Datenverarbeitung von Beschäftigtendaten überhaupt erlaubt ist. Sind sie nicht erfüllt, so dürfen Beschäftigtendaten nicht verarbeitet werden.
Diese Regeln gelten auch für eine gesetzliche Interessenvertretung bei ihrem Umgang mit Beschäftigtendaten.
Die Grundsätze des Datenschutzes nach der DSGVO sind:
Die Rechtmäßigkeit: Als grundlegende Voraussetzung muss eine juristische Grundlage vorliegen: Das kann zuerst einmal ein Gesetz oder eine Verordnung sein oder die betroffene Person hat freiwillig ihre Einwilligung gegeben. Als juristische Grundlage gilt auch, wenn die Verarbeitung in einem Tarifvertrag, einer Betriebsvereinbarung oder einer Dienstvereinbarung geregelt ist.
Die Verarbeitung nach Treu und Glauben: Im englischen Original der DSGVO steht die Bezeichnung »Fairness« und das bezeichnet besser als die Übersetzung »Verarbeitung nach Treu und Glauben«, was gemeint ist.

Grundsätze für die Verarbeitung von personenbezogenen Daten

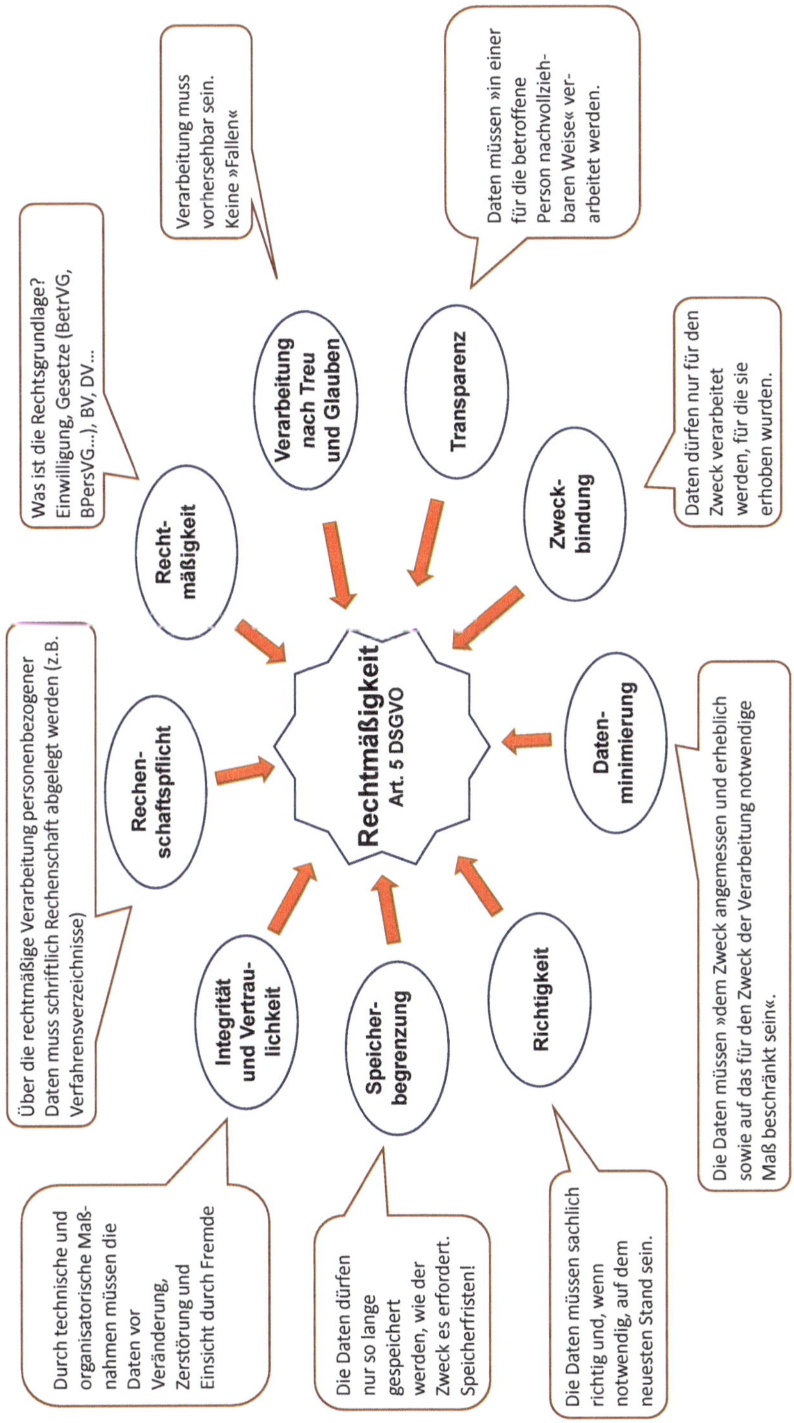

Die personenbezogenen Daten sollen fair und gerecht bearbeitet werden, also frei von »Fallen« sein.
Die Transparenz: Die Daten müssen »in einer für die betroffene Person nachvollziehbaren Weise« verarbeitet werden.
Die Zweckbindung: Die Daten dürfen nur für den Zweck verarbeitet werden, für die sie erhoben wurden (im Arbeitsverhältnis ein besonders wichtiger Grundsatz!).
Die Datenminimierung: Die Daten müssen »dem Zweck angemessen und erheblich sowie auf das für den Zweck der Verarbeitung notwendige Maß beschränkt sein«. Das bedeutet, dass nicht alles für den ausgewählten Zweck gesammelt und verarbeitet werden darf, was ein Arbeitgeber gerne hätte, sondern nur das, was unbedingt dafür notwendig ist.
Die Richtigkeit: Die personenbezogenen Daten müssen stimmen. Fehler müssen korrigiert werden.
Die Speicherbegrenzung: Ist der Zweck erfüllt, so müssen die Daten gelöscht werden. Daher muss der Verantwortliche (=Arbeitgeber) Speicherfristen festlegen.
Die Integrität und Vertraulichkeit: Die Daten müssen gegen unbeabsichtigte oder beabsichtigte Veränderungen oder Vernichtung geschützt werden.
Die Rechenschaftspflicht: Über die Verarbeitung der Daten muss der Verantwortliche (der Arbeitgeber) schriftlich Rechenschaft ablegen (siehe Grafik).
Das sind die Grundlagen. Wie der Begriff Grundlagen es schon sagt, kommen andere Aspekte und Regelungen hinzu. Dazu später mehr.

7. Was bedeutet »Verarbeitung« im Sinne der DSGVO?

Der Begriff »Verarbeitung« ist ein Sammelbegriff für jeglichen Umgang mit personenbezogenen Daten. Dazu gehört beispielsweise die Erhebung, Verarbeitung, Nutzung, Speicherung oder die Übermittlung von Daten. Selbst das Lesen von personenbezogenen Daten am Bildschirm durch eine Person, die nicht dazu berechtigt ist, ist eine Verarbeitung. Verarbeiten dürfen die personenbezogenen Daten nur diejenigen, die dazu berechtigt sind! Gemeint ist damit, dass sie von ihrer Arbeit her damit beauftragt sind mit diesen Daten zur arbeiten, um bestimmte Aufgaben zu erfüllen.

8. Wie müssen die personenbezogenen Daten von Beschäftigten durch den Arbeitgeber geschützt werden?

Der Arbeitgeber muss für den Schutz personenbezogener Daten sogenannte »technisch-organisatorische Maßnahmen« (TOM) veranlassen und auch überprüfen, ob sie funktionieren.

Organisatorisch muss genau festgelegt sein, wer auf Beschäftigtendaten unter welchen Bedingungen zugreifen darf und was diese Personen damit machen dürfen. Rein technisch darf es schon nicht möglich sein, die Dateien oder Papiere zu sehen, geschweige denn, darauf zuzugreifen, wenn man dazu nicht berechtigt ist.

Daher muss es ein klares Berechtigungskonzept geben. In einem solchen Berechtigungskonzept wird festgelegt, wer in einem Betrieb auf welche Daten, Anwendungen und Systeme zugreifen kann und darf und wer nicht. Durch ein Berechtigungskonzept werden gleich mehrere Anforderungen der DSGVO erfüllt: Die personenbezogenen Daten werden vor einem unbefugten Zugriff geschützt (Vertraulichkeit) und die Integrität und Verfügbarkeit der Daten wird sichergestellt.

Unter Integrität versteht die DSGVO die Unversehrtheit der Daten. Sie müssen also gegen Veränderungen oder Vernichtung geschützt sein. Dazu gehört auch, dass man nachvollziehen kann, wer Änderungen oder Löschungen vorgenommen hat.

Diese Anforderungen gelten auch für ausgesourcte Bereiche, bspw. wenn die Lohnbuchhaltung durch eine andere Firma erfolgt. Für diese Firma gelten ebenfalls die genannten Vorgaben.

Unter Verfügbarkeit wird im Datenschutz verstanden, dass gesichert ist, dass Berechtigte auf die personenbezogenen Daten zugreifen können. Dazu gehört dann auch die Datensicherung, also ein Backup. Das wird benötigt, wenn die Daten auf dem Server der Firma oder Behörde, versehentlich oder ungerechtfertigt gelöscht wurden. Durch die Datensicherung lassen sich die Daten zeitnah wiederherstellen.

In diesem Zusammenhang ist es noch wichtig, dass alle Beschäftigten zur Einhaltung des Datenschutzes verpflichtet sind. Sie dürfen daher nichts erzählen oder weiterleiten, was sie beruflich über personenbezogene Daten von anderen Beschäftigten erfahren.

9. Was sind die wichtigsten Rechte vom Beschäftigten im Datenschutz?

Es gibt eine Reihe von Rechten, die Beschäftigte (=Betroffene) beim Datenschutz haben. Hier die besonders wichtigen Rechte:
Alle Beschäftigten haben das Recht auf Auskunft über die von ihrem Arbeitgeber über sie gespeicherten Daten. Teil der Infos sind, warum sie gespeichert werden, woher die Daten stammen und an wen sie, auf welcher gesetzlichen Grundlage, weitergeben werden. Eine solche Auskunft ist kostenlos.
Der Verantwortliche (= Arbeitgeber) muss bei einer Benachrichtigung über eine Datenerhebung auf die den Betroffenen zustehenden Rechte hinweisen. Das sind die Rechte auf Berichtigung, Löschung, Widerspruch, Widerruf der Einwilligung und die Möglichkeit zur Beschwerde bei der Aufsichtsbehörde. Besteht eine Informationspflicht, muss der Verantwortliche zudem auf das Auskunftsrecht hinweisen. Zudem muss er die Speicherdauer benennen.
Die vom Arbeitgeber übermittelten Informationen müssen präzise und in einer klaren und einfachen Sprache abgefasst und in einem leicht zugänglichen Dateiformat gespeichert sein (z. B. PDF-Format).

10. Wann ist eine Datenverarbeitung rechtmäßig?

Eine Datenverarbeitung ist nur dann rechtmäßig, wenn sie durch ein Gesetz oder eine Verordnung erlaubt ist oder eine betroffene Person freiwillig der Verarbeitung zugestimmt hat. Auch ein Tarifvertrag, eine Betriebsvereinbarung oder eine Dienstvereinbarung kann diese Verarbeitung erlauben.
Wenn also Betroffene der Verarbeitung freiwillig zustimmen, so darf der Arbeitgeber diese Daten auf jeden Fall nutzen.
Beschäftigte können die Weitergabe von ihren personenbezogenen Daten, die der Arbeitgeber wegen einer Rechtsvorschrift erheben und weitergeben muss, nicht verhindern.
Zu einer rechtmäßigen Datenverarbeitung müssen immer die Grundsätze der DSGVO eingehalten werden (siehe Frage 6).

11. Was ist der Unterschied zwischen Einwilligung und berechtigtem Interesse?

Eine »Einwilligung« kann nur von der Person gegeben werden, um deren personenbezogenen Daten es geht. Diese »Einwilligung« muss wirklich freiwillig sein!

Die grundsätzliche Frage, die sich hier stellt, ist: Gibt es wirklich eine Freiwilligkeit, wenn der Arbeitgeber so eine schriftliche Einwilligung haben möchte?

Wenn Beschäftigte durch die Einwilligung einen rechtlichen oder wirtschaftlichen Vorteil erlangen (z. B. einen Gewerkschaftsbonus), ist es sehr wahrscheinlich, dass die Zustimmung wirklich freiwillig ist.

Auf jeden Fall kann eine solche Einwilligung jederzeit widerrufen werden. »Der Widerruf der Einwilligung muss so einfach sein, wie die Erteilung der Einwilligung« (Art. 7 DSGVO).

Arbeitgeber möchten gerne möglichst viele Daten von ihren Beschäftigten haben und nutzen. Ihr Argument ist, dass sie ein »berechtigtes Interesse« daran haben.

Was ein »berechtigtes Interesse« ganz konkret ist, ist bei den Juristen umstritten. Ein Arbeitgeber hat auf jeden Fall dann ein »berechtigtes Interesse«, wenn er beispielsweise bestimmte personenbezogenen Daten von Beschäftigten benötigt, um erkennen zu können, welche Qualifikationen und Fortbildungen sie gemacht haben. Nur mit diesem Wissen kann er prüfen, ob bestimmte Beschäftigte beispielsweise eine Führungsposition einnehmen können.

Ein »berechtigtes Interesse« liegt nicht vor, wenn der Arbeitgeber die personenbezogenen Daten der Beschäftigten für einen vielleicht später einmal eintretenden Fall einer Nutzung auf Vorrat speichert.

Grundsätzlich muss der Arbeitgeber immer prüfen, ob es kein milderes und gleich effektives Mittel gibt, um sein Ziel zu erreichen.

Genauso wenig lässt sich eine Totalüberwachung von Beschäftigten mit einem »berechtigten Interesse« begründen.

Gegenüber dem Betriebs- oder Personalrat bzw. der Mitarbeitervertretung muss das »berechtigte Interesse« genau begründet werden.

12. Wann darf ein Arbeitgeber sensible Daten wie z. B. Gesundheitsdaten verarbeiten?

Zuerst muss geklärt werden, was sensible Daten sind: Darunter fallen die sogenannte Rasse, die ethnische Herkunft, die politische Meinung, Religion oder Weltanschauung, die Gewerkschaftszugehörigkeit, genetische Anlagen oder der Gesundheitszustand, sowie die sexuelle Orientierung. Dazu gehören beispielsweise auch Daten über Krankenhausaufenthalte, Medikamente, Kuren ... Diese sensiblen Daten dürfen vom Arbeitgeber überhaupt nicht genutzt werden.
Es gibt aber Ausnahmen:
Das betrifft z. B. die Erfüllung von Arbeitgeberpflichten. Also wenn ein Arbeitgeber die Daten benötigt, um die aus dem Arbeitsrecht und dem Recht der sozialen Sicherheit und des Sozialschutzes kommenden Rechte auszuüben und seinen entsprechenden Pflichten nachzukommen.

> **Praxisbeispiel:**
> Der Arbeitgeber muss bei einer Schwangerschaft diese sensiblen Daten erhalten, damit er die Schutzrechte von Schwangeren einhalten kann. Nur so kann er ein eventuell notwendiges Beschäftigungsverbot aussprechen, eine Versetzung veranlassen, ein Nachtarbeitsverbot aussprechen und den besonderen Kündigungsschutz von Schwangeren beachten.
> Es ist auch notwendig, dass der Betriebs- oder Personalrat bzw. die Mitarbeitervertretung von der Schwangerschaft erfährt, da eine Interessenvertretung auf die Einhaltung der Schutzrechte für die Schwangere achten muss.

Bei der Durchsetzung von Rechtsansprüchen kann ebenfalls eine Verarbeitung von Gesundheitsdaten zulässig sein. Dies ist beispielsweise dann der Fall, wenn Arbeitnehmende Schadensersatz fordern für die Nichteinhaltung von Arbeitsschutzgesetzen.
Liegt eine Einwilligung der betroffenen Person vor, so darf der Arbeitgeber sensible Daten immer nutzen. Auch eine Entbindung von der gesetzlichen Schweigepflicht ist möglich.
Sensible Daten, die die Arbeitgeber rechtmäßig besitzen, dürfen allerdings nicht innerhalb des Konzerns weitergeben oder innerhalb eines Unternehmens veröffentlicht werden.
Grundsätzlich ist ansonsten die Nutzung von sensiblen Daten durch den Arbeitgeber verboten.

13. Welche Daten dürfen Arbeitgeber ohne Einwilligung verarbeiten?

Wie gerade beschrieben können das personenbezogene Daten sein, die der Arbeitgeber zur Erfüllung von Arbeitgeberpflichten oder zu Durchsetzung von Rechtsansprüchen erhalten hat. Hinzu kommen Daten, die für die Begründung (Bewerbungsverfahren), die Durchführung oder Beendigung eines Arbeitsvertrages notwendig sind.
Das sind dann personenbezogene Daten von Beschäftigten, die der Arbeitgeber benötigt, um seine Rechte wahrnehmen und seinen Pflichten nachkommen zu können. Diese Rechte und Pflichten ergeben sich aus Gesetzen, einem Tarifvertrag und aus Betriebs- oder Dienstvereinbarungen.
In der Praxis ist es immer wieder umstritten, was alles dazu gehört: Ganz sicher gehören dazu personenbezogene Daten wie Name, Adresse, Geburtsdatum, Kontonummer, Krankenversicherung …
Das bedeutet aber nicht, dass Arbeitgeber alle personenbezogenen Daten die im Beschäftigungsverhältnis anfallen, automatisch für sich nutzen dürfen. Das muss im Einzelfall geprüft werden. Insbesondere wenn es um Leistungs- und Verhaltenskontrolle geht.
Zusammengefasst: Der Arbeitgeber darf für das Arbeitsverhältnis notwendige personenbezogene Daten verarbeiten. Allerdings gibt es Regeln und Einschränkungen bei der Verarbeitung.

14. Welche Informationspflichten haben Arbeitgeber gegenüber ihren Beschäftigten?

Wenn Beschäftigte erfahren wollen, was über sie gespeichert ist und wer diese Informationen erhält, muss der Arbeitgeber sie darüber in Form von Kopien informieren.
Will der Arbeitgeber personenbezogene Daten bei Beschäftigten einholen, so muss er vorher eine Reihe von Informationen an sie mitteilen. Das sind u. a., was er mit diesen Daten vorhat, welche Rechtsgrundlage er hat, wie lange die Daten gespeichert werden sollen, warum er glaubt dafür ein »berechtigtes« Interesse zu haben und wer die Empfänger dieser Daten sind. Zudem muss er mitteilen, welche Rechte die Beschäftigten hier haben. Ähnlich ist es, wenn der Arbeitgeber eine Zweckänderung vornehmen

möchte. Eine Zweckänderung entsteht dann, wenn der Arbeitgeber gespeicherte personenbezogene Daten nutzen möchte, die er für einen anderen Zweck erhoben hat. Ob das rechtmäßig ist, sollte auf jeden Fall von Betriebs- und Personalräten oder einer Mitarbeitervertretung (MAV) und den betrieblichen oder behördlichen Datenschutzbeauftragten geprüft werden.
Bei größeren Datenschutzpannen, die personenbezogene Daten der Beschäftigten betreffen, müssen diese benachrichtigt werden.

15. Wie müssen Arbeitgeber Beschäftigte über die Datenverarbeitung informieren?

Die Informationen müssen präzise und in einer klaren und einfachen Sprache abgefasst sein und in einem leicht zugänglichen Dateiformat zur Verfügung gestellt werden. Konkret bedeutet das, dass die Infos auch für juristische Laien gut verständlich sein und beispielsweise als PDF übermittelt werden müssen.
Die Informationen müssen innerhalb eines Monats nach Eingang des Antrags der betroffenen Person erfolgen. Nur wenn es besonders kompliziert ist die Anfrage zu beantworten oder wenn es sehr viele Anfragen gibt, kann die Frist um weitere zwei Monate verlängert werden. Diese Fristverlängerung und die Gründe dafür müssen dem Betroffenen mitgeteilt werden.

16. Welche Folgen hat eine unterlassene Information?

Hat der Arbeitgeber Betroffene nicht oder nicht vollständig informiert, so darf er die personenbezogenen Daten von Beschäftigten überhaupt nicht nutzen und muss sie vernichten. Erfährt der oder die Landesdatenschutzbeauftragte davon, dass die Beschäftigten nicht richtig informiert wurden, kann eine Geldstrafe verhängt werden.

17. Was versteht man unter »Privacy by Design« und »Privacy by Default«?

Die DSGVO fordert auch einen Datenschutz durch Technikgestaltung (Privacy by Design) und durch datenschutzfreundliche Einstellungen (Privacy by Default). Datenschutz durch Technikgestaltung bedeutet beispielsweise, dass die Software es ermöglicht, dass nur Daten angezeigt werden, zu deren Verarbeitung der Arbeitgeber auch berechtigt ist. Hinzu kommt dann, dass sie technisch nicht mit anderen personenbezogenen Daten verknüpft werden können.
Daten, die ihren Zweck erfüllt haben, müssen einzeln löschbar sein.
Unter datenschutzfreundlichen Einstellungen versteht man einerseits, dass nur so viele Daten erhoben werden, wie es unbedingt erforderlich ist. Anderseits müssen die Grundeinstellungen so sein, dass man nicht erst in die Einstellungen einer Software gehen muss, um »wilde Datensammlungen« abzustellen (wie man es z. B. bei Windows machen muss). Dieser Teil der DSGVO mit Datenschutz durch Technikgestaltung und durch datenschutzfreundliche Einstellungen wird momentan noch selten umgesetzt, da die Aufsichtsbehörden zu wenig Druck machen, um sie durchzusetzen.

18. Wann benötigen Arbeitgeber Datenschutzbeauftragte?

Ein Arbeitgeber muss bei allen öffentlichen Stellen und Behörden einen Datenschutzbeauftragten bestellen. Bei nichtöffentlichen Stellen, das sind Firmen, wenn in der Regel mindestens zwanzig Personen ständig mit der automatisierten Verarbeitung personenbezogener Daten beschäftigt sind. Zudem wenn eine Datenschutz-Folgenabschätzung durchgeführt werden muss.
Eine Unternehmensgruppe, z. B. ein Konzern, oder Behörden und öffentliche Stellen können auch einem gemeinsamen Datenschutzbeauftragten benennen. Auftragsverarbeiter wie eine Firma, die für den eigenen Betrieb die Lohnabrechnungen erledigt, benötigen immer einen Datenschutzbeauftragten.

In kleinen Betrieben gibt es häufig keine Datenschutzbeauftragte, da zu wenig Personen ständig mit der automatisierten Verarbeitung personenbezogener Daten beschäftigt sind. Aber auch diese Firmen müssen alle Datenschutzgesetze einhalten.

19. Ist der Datenschutzbeauftragte unabhängig?

Datenschutzbeauftragte werden vom Arbeitgeber bestellt und bezahlt, daher können sie nicht unabhängig sein.
Sie sind in einem Betrieb oder Verwaltung direkt der obersten Leitungsebene unterstellt. Die DSGVO bestimmt, dass Datenschutzbeauftragte weisungsfrei und besonders gegen eine Abberufung geschützt sind. Zudem besteht ein Benachteiligungsverbot.
Die Unabhängigkeit von betrieblichen oder behördlichen Datenschutzbeauftragten wird von vielen Juristen zumeist als gegeben angesehen, wenn ein Betriebs- oder Personalrat bei der Bestellung mitbestimmen darf.

20. Welche Aufgaben haben Datenschutzbeauftragte beim Arbeitgeber?

Datenschutzbeauftragte sind zuständig für die Überwachung der Einhaltung der DSGVO und des BDSG und anderer Datenschutzrechte in Betrieben und Verwaltungen. Sie haben zumindest die folgenden Aufgaben:
Sie unterrichten und beraten den Verantwortlichen (=Arbeitgeber) beim Datenschutz. Ebenso die Auftragsverarbeiter und die Beschäftigten, die Verarbeitungen durchführen.
Zu den Aufgaben gehört auch die Überwachung der Strategien des Arbeitgebers oder des Auftragsverarbeiters für den Schutz personenbezogener Daten. Datenschutzbeauftragte müssen dies mit entsprechenden Überprüfungen sicherstellen.
Im Betrieb oder einer Behörde sind Datenschutzbeauftragte für die Überwachung der Zuweisung von Zuständigkeiten mit zuständig. Mit Zuständigkeiten ist gemeint, wer in welchen Zusammenhang welche personenbezogenen Daten wie verarbeiten darf. Hier geht es also darum, wer welche Daten sehen und verarbeiten darf.

Ob dies datenschutzkonform geschieht, müssen Datenschutzbeauftragte regelmäßig prüfen.
Ebenfalls zuständig sind Datenschutzbeauftragte für die Überwachung, die Sensibilisierung und die Schulung der an den Verarbeitungsvorgängen beteiligten Mitarbeitenden.
Auf Anfrage des Arbeitgebers beraten Datenschutzbeauftragte ihn bei einer Datenschutz-Folgenabschätzung und bei der Überwachung ihrer Durchführung. Zudem sind Datenschutzbeauftragte zuständig für die Zusammenarbeit mit der Aufsichtsbehörde. Dazu gehört insbesondere die Meldung von Datenschutzverstößen in Betrieb und Verwaltung. Alle dazugehörigen Meldungen und Dokumente müssen durch Datenschutzbeauftragte zusammengestellt und übermittelt werden. Datenschutzbeauftragte sind immer die erste Anlaufstelle für Fragen der Aufsichtsbehörde zum Datenschutz in Betrieb oder Verwaltung.

21. Welche Rolle spielen die Datenschutzaufsichtsbehörden im Arbeitsrecht?

Die Datenschutzaufsichtsbehörden haben die Aufgabe zu kontrollieren, ob der Datenschutz von Firmen und Behörden eingehalten wird. Für Firmen und Landes- oder Kommunalbehörden sind immer die Landesdatenschutzbeauftragten der Länder zuständig, in denen die Firma oder Behörde ihren Sitz hat. Für Bundesbehörden ist die Bundesbeauftragte für den Datenschutz zuständig. Des Weiteren ist sie für Telekommunikationsunternehmen, Postdienstleistungsunternehmen und bundesweite gesetzliche Kranken- und Pflegekassen zuständig.
Aufsichtsbehörden können anlasslos in Firmen und Behörden eine Kontrolle durchführen. Werden Verstöße festgestellt, können Aufsichtsbehörden Strafen aussprechen (nur gegenüber Firmen, nicht bei Behörden).
Zu den Aufgaben eine Aufsichtsbehörde für den Datenschutz gehört auch die Beratung bei datenschutzrechtlichen Themen. Daher können sich nicht nur Arbeitgeber, sondern auch Beschäftigte bei Datenschutzproblemen an die zuständige Aufsichtsbehörde wenden.

22. Welche Datenschutzrechte haben Arbeitnehmende?

Ein wichtiges Datenschutzrecht von Beschäftigten ist es, danach zu fragen, was der Arbeitgeber über sie gespeichert hat. Sie haben ein Auskunftsrecht. Die Auskunft muss dann sehr genau sein. Die wichtigsten Aspekte einer Auskunft des Verantwortlichen an Beschäftigte sind: Name und Kontaktdaten des Verantwortlichen und des Datenschutzbeauftragten und den Zweck und die Rechtsgrundlage für die beabsichtigte Verarbeitung der personenbezogenen Daten.

Zudem welches »berechtigtes Interesse« beim Arbeitgeber für die Verarbeitung der speziellen personenbezogenen Daten besteht, um welche Daten es sich handelt und wer die Daten erhalten soll. Besonders wichtig ist, wie lange die Daten gespeichert werden sollen.

Des Weiteren muss der Arbeitgeber darauf hinweisen, dass es für Beschäftigte immer ein Recht auf Auskunft beim Arbeitgeber gibt, sowie ein Recht auf Berichtigung, Löschung oder auf Einschränkung der Verarbeitung der personenbezogenen Daten.

Es gibt außerdem ein Widerspruchsrecht gegen die Verarbeitung. Sie führt zu einer Einschränkung der Verarbeitung, bis der Arbeitgeber den Sachverhalt, der nach Meinung des Betroffenen nicht verarbeitet werden darf, geklärt ist.

Ein weiteres Recht ist das Recht auf Datenübertragbarkeit. Damit ist gemeint, dass Beschäftigte das Recht haben, ihre Daten in einem strukturierten, gängigen und maschinenlesbaren Format zu erhalten. Unter das Recht auf Datenübertragbarkeit fällt auch, dass die Daten eines Beschäftigten – so er oder sie es möchte – an andere Verantwortliche übermittelt wird (z. B. an die Konzernmutter).

Bei einer Anfrage an den Verantwortlichen (=Arbeitgeber) was er über die betroffene Person verarbeitet, muss der Arbeitgeber deutlich darauf hinweisen, dass eine Einwilligung jederzeit widerrufen werden kann und dass es ein Beschwerderecht bei der Aufsichtsbehörde gibt.

Eine Anfrage beim Arbeitgeber nach den eigenen personenbezogenen Daten ist kostenfrei und kann auch – nach einiger Zeit – wiederholt werden.

Wenn der Arbeitgeber von Beschäftigten weitere, bislang noch nicht verarbeitete personenbezogene Daten haben möchte, müssen die oben genannten Infos den Betroffenen mitgeteilt werden.

23. Wie können Arbeitnehmende ihre Datenschutzrechte durchsetzen?

Um ihre Rechte beim Datenschutz durchzusetzen haben Beschäftigte verschiedene Möglichkeiten:
Sie können sich an die Datenschutzbeauftragten des Betriebes oder der Behörde wenden, um sich beraten zu lassen und darüber ihre Datenschutzrechte durchzusetzen. Im Idealfall prüfen Datenschutzbeauftragte dann den Sachverhalt und sorgen für eine rechtskonforme Umsetzung der Datenschutzrechte. Es lohnt sich auch immer den Betriebs- oder Personalrat bzw. die Mitarbeitervertretung ansprechen. Denn die Interessenvertretungen sind auch für den Datenschutz bei Beschäftigten zuständig. Sie können die Rechtslage prüfen, ein Gespräch mit dem Datenschutzbeauftragten oder dem Arbeitgeber als Verantwortlichen für den Datenschutz führen und so eine Lösung herbeiführen.
Wenn alle Stricke reißen, kann man sich auch an die Datenschutzbeauftragten des Bundeslandes in dem man arbeitet oder, falls sie zuständig ist, auch an die Bundesbeauftragte für den Datenschutz wenden (siehe Frage 19). Niemand muss Sorge haben, dass der Arbeitgeber erfährt, dass man sich an die Datenschutzbeauftragten vor Ort oder die Aufsichtsbehörde gewandt hat: Die Datenschutzbeauftragten unterliegen einer Schweigepflicht gegenüber dem Arbeitgeber. Auch eine Aufsichtsbehörde wird keinen Namen nennen, solange man der Weitergabe nicht zugestimmt hat.
Als letzte Möglichkeit seine Datenschutzrechte durchzusetzen besteht im Datenschutz immer das Recht, gegen den Arbeitgeber zu klagen.

24. Welche Rechte und Pflichten haben Betriebs- und Personalräte bzw. Mitarbeitervertretungen beim Thema Datenschutz?

Grundsätzlich sind die Interessenvertretungen von Beschäftigten zuständig für die Kontrolle, ob der Datenschutz in Betrieb oder Verwaltungen durch den Arbeitgeber gegenüber den Beschäftigten eingehalten wird. Nach den Mitbestimmungsrechten ist eine ihrer Aufgaben darüber zu wachen, dass bestehende Gesetze und Verordnungen gegenüber den Beschäftigten eingehalten werden.
Konkret können sie alle Datenschutzfragen, die es beim Beschäftigtendatenschutz gibt, mit dem Arbeitgeber oder den Datenschutzbeauftragten besprechen.
Sie können sogar Betriebs- und Dienstvereinbarungen zum Datenschutz abschließen, um die Regelungen für die Beschäftigten detaillierter zu umschreiben und damit leichter umsetzbar zu machen. Die darin geregelten Inhalte können auch bessere Regelungen enthalten, als die Datenschutzgesetze sie vorschreiben.
Wer also nicht selbst mit dem Arbeitgeber über individuelle Datenschutzfragen sprechen möchte, kann dies auch über die Interessenvertretung erledigen lassen.
Der Datenschutz gilt nicht nur für den Arbeitgeber, sondern natürlich auch für gesetzliche Interessenvertretungen.
Sie müssen den Anforderungen des Datenschutzes gerecht werden und sind für die Umsetzung des Datenschutzes selbst zuständig. Der Arbeitgeber darf sie nicht kontrollieren und wie der Datenschutz im Gremium praktisch umgesetzt wird, kann er nur ahnen, aber nicht wissen.
Ob betriebliche oder behördliche Datenschutzbeauftragte das Gremium kontrollieren darf, ist rechtlich umstritten. In Firmen dürfen sie es nicht. Im öffentlichen Dienst ist das unterschiedlich geregelt.
Fest steht, Betriebs- und Personalräte und Mitarbeitervertretungen benötigen ein eigenes, klar geregeltes Datenschutzkonzept, um die Anforderungen des Datenschutzes zu erfüllen.
Ein Urteil des Bundesarbeitsgerichtes (BAG) fordert ein eigenes Datenschutzkonzept der Interessenvertretung. Ansonsten darf der Arbeitgeber, so das Urteil, die Weitergabe bestimmter personenbezogener Daten dem Gremium vorenthalten. In diesem Fall waren es Gesundheitsdaten, die

nach den Datenschutzgesetzen besonders schützenswerte Daten sind. Nach den Mitbestimmungsgesetzen stehen ihnen diese Informationen zu, aber nur, wenn sie den Datenschutz im Gremium klar geregelt und gesetzeskonform umgesetzt haben. Daher müsse es ein Datenschutzkonzept der gesetzlichen Interessensvertretung geben.

B. Datenschutz im Bewerbungsverfahren

In einem Bewerbungsverfahren fallen sehr viele personenbezogene Daten an, die der Arbeitgeber, die Personalabteilung und zumindest die Interessenvertretung der Beschäftigten sehen. Sie alle sind mit einer Bewerbung befasst. Zudem muss geklärt sein, welche Bewerberdaten Arbeitgeber erheben dürfen. Dazu gehört auch die Frage, ob Arbeitgeber sich Daten aus sozialen Netzwerken holen dürfen. Wie im Folgenden deutlich werden wird, gibt es aber noch eine Reihe weiterer Fragen bei Bewerbungsverfahren.

25. Welche Bewerberdaten dürfen Arbeitgeber erheben?

Zu den Bewerberdaten gehören immer der Name, das Geburtsdatum, die Adresse, E-Mail und Telefonnummer, der schulische und berufliche Werdegang, berufliche Fähigkeiten und eventuell Interessengebiete, persönliche Vorlieben und Zukunftswünsche.
Eine Einwilligungserklärung zur Datenverarbeitung ist im Bewerbungsverfahren nicht notwendig, da allen Beteiligten klar ist, dass es ohne personenbezogene Daten nicht geht. Bei einer Kontaktaufnahme muss der Arbeitgeber aber darauf hinweisen, dass die Daten verarbeitet werden.
Der Arbeitgeber darf nur Fragen stellen, an deren wahrheitsgemäßer Beantwortung er ein »berechtigtes, billigenswertes und schutzwürdiges Interesse« hat.

26. Welche Daten dürfen Arbeitgeber nicht abfragen?

Arbeitgeber dürfen lange nicht alle Fragen stellen, die sie interessieren. Grundsätzlich sind nur Fragen erlaubt, die im Zusammenhang mit dem zukünftigen Job stehen.
Sowohl die Datenschutzgesetze wie auch das »Allgemeine Gleichbehandlungsgesetz« (AGG) setzen dem Fragerecht enge Grenzen.
So darf ein Arbeitgeber nicht danach fragen, ob und welche Partnerschaft besteht und ob demnächst eine Ehe geplant ist. Ebenfalls verboten ist es, zu fragen, ob eine Frau schwanger ist, welche sexuelle Orientierung oder welche Weltanschauung jemand hat oder ob man Gewerkschafts-, Partei- oder Kirchenmitglied ist. Ebenfalls verboten sind Fragen nach Krankheit oder Behinderung.
Bei einigen Fragen gibt es aber Ausnahmen. Hier einige Beispiele:
Es müssen Fragen nach Krankheiten beantwortet werden, die eine Gefahr für das Leben und die Gesundheit der zukünftigen Kollegen sein können.
Wenn der zukünftige Job schwere körperliche Tätigkeiten beinhaltet, die für Schwangere eine Gefahr darstellen, darf nach einer Schwangerschaft gefragt werden.
Fragen nach den Vermögensverhältnissen sind nur dann erlaubt, wenn es um einen Job mit einem besonderen Vertrauensverhältnis geht. Konkret also, wenn es um Geld, die Gefahr von Bestechung oder um Landesverrat geht. Nach Vorstrafen darf nicht gefragt werden, außer beispielsweise bei Kraftfahrern nach Verkehrsdelikten oder wenn jemand mit Kindern oder Jugendlichen arbeiten möchte. Die Vorstrafen müssen in einem sachlichen Zusammenhang mit der zukünftigen Arbeit stehen.
Man darf sich als unbestraft bezeichnen, wenn die Vorstrafen nicht (mehr) im Bundeszentralregister eingetragen oder nicht in ein Führungszeugnis aufzunehmen sind.

27. Dürfen Arbeitgeber Bewerberprofile in sozialen Netzwerken einsehen?

Eine Datensuche im Internet kann erlaubt sein. Es kommt aber darauf an, wo man nachschaut und wo die Daten eingestellt sind.
Informationen, die nichts mit dem möglichen Job zu tun haben, wie unvorteilhafte Partyfotos, Hobbys oder eine politische Haltung dürfen vom Arbeitgeber nicht benutzt werden. Es stellt sich hier allerdings die Frage, wie man das als Bewerber kontrollieren kann.
Stellt man die Daten selbst in soziale Netzwerke, bei denen man sich anmelden muss, sind es keine allgemein zugänglichen Daten. In einem Bewerbungsverfahren darf ein möglicher Arbeitgeber sie nicht nutzen. Insbesondere dann nicht, wenn sie nur Freunden zugänglich sind. Es muss hier aber zwischen berufs- und freizeitorientierten Netzwerken unterschieden werden. LinkedIn oder Xing sind berufliche Netzwerke, die gerade für potenzielle Arbeitgeber persönliche Informationen anbieten. Eine Recherche in diesen Netzwerken ist zulässig.

28. Dürfen Arbeitgeber Referenzen ohne Zustimmung der Bewerber einholen?

In einem Bewerbungsverfahren legt man Arbeitszeugnisse vor. Sie sind eine Referenz für die Qualität der Arbeit an vorherigen Arbeitsplätzen. Arbeitgeber dürfen, ohne Zustimmung der betroffenen Person, keine weiteren Referenzen einholen. Das wäre dann ein Datenschutzverstoß.
Allerdings kann sich ein Arbeitgeber die Erlaubnis zur Einholung von Referenzen durch die betroffene Person einholen.
Man darf sich aber nichts vormachen, viele Arbeitgeber fragen telefonisch, auch ohne Genehmigung bei früheren Arbeitgebern von Bewerbern nach. Man wird es ihnen nur nicht nachweisen können.

29. Welche Datenschutzvorgaben gelten bei Online-Bewerbungstools?

Die Daten müssen technisch und organisatorisch besonders geschützt sein. Im Datenschutz lautet der Fachbegriff dafür »technisch-organisatorische Maßnahmen« (TOM).
Konkret bedeutet das, dass die Computer und die Speicherorte der personenbezogenen Daten technisch besonders geschützt sind und nur Menschen darauf zugreifen können, die dazu berechtigt sein. Berechtigt sind nur die Menschen, die am Bewerbungsverfahren beteiligt sind. Das sind insbesondere Mitarbeitende der Personalabteilung, der Arbeitgeber, Vorgesetzte bzw. Bereichsleiter, in deren Abteilung eine Stelle frei wird und Betriebs- und Personalräte bzw. die Mitarbeitervertretung und gegebenenfalls die Schwerbehindertenvertretung. Alle Beteiligten unterliegen dabei einer besonderen Schweigepflicht über das, was sie hier erfahren.

30. Wie lange dürfen Bewerberdaten gespeichert werden?

Wie lange Bewerberdaten aufbewahrt werden dürfen, ist eine Frage, die in keinem Gesetz mit einer genauen Zahl von Monaten beantwortet wird. Sie lässt sich aber aus dem Datenschutz und dem »Allgemeinen Gleichbehandlungsgesetz« (AGG) beantworten.
Das Datenschutzrecht fordert, personenbezogene Daten dann zu löschen, wenn das Ziel für die sie erhoben wurden, nicht mehr besteht.
Nach dem Ende des Bewerbungsverfahrens müssen die Daten, wenn eine Bewerbung nicht erfolgreich war, nach einer vorher vom Arbeitgeber festgelegten Frist gelöscht werden.
Werden Bewerber abgelehnt, so beträgt sie, so die allgemeine juristische Meinung, maximal sechs Monate nach Abschluss des Bewerbungsverfahrens.
Sechs Monate deshalb, weil die Daten eventuell noch vom Arbeitgeber benötigt werden. Das ist dann der Fall, wenn sich eine abgelehnte Person nach dem AGG benachteiligt fühlt und gegen die Entscheidung klagt. Dann benötigt der Arbeitgeber die Bewerbungsunterlagen, um sich verteidigen zu können.

Die Löschfrist wird folgendermaßen berechnet: Nach dem AGG können Ansprüche aus einer Ablehnung innerhalb von zwei Monaten geltend gemacht werden. Innerhalb von drei weiteren Monaten können Betroffene gegen die Entscheidung klagen. Rechnet man noch einen weiteren Monat für den Postweg etc. dazu, so kommt man auf sechs Monate. Erst wenn innerhalb dieses Zeitraums keine Klage erfolgt ist, müssen die Bewerbungsunterlagen gelöscht werden.
Kommt es zu einem Arbeitsverhältnis, so werden die Bewerbungsdaten natürlich nicht gelöscht, sondern wandern in die Personalakte. Der Arbeitgeber benötigt sie für das neue Arbeitsverhältnis. Es ist also weiterhin ein Zweck nach dem Datenschutzrecht gegeben.
Ziehen Bewerber ihre Bewerbung zurück, so müssen sie sofort gelöscht werden.

31. Dürfen Arbeitgeber das Führungszeugnis eines Bewerbers verlangen?

Ein Führungszeugnis, umgangssprachlich wird es auch »polizeiliches Führungszeugnis« genannt, ist eine Urkunde die einen Auszug aus dem Bundeszentralregister enthält. In dieser Urkunde stehen Information darüber, ob jemand vorbestraft ist.
Ein Führungszeugnis darf grundsätzlich für ein neues Arbeitsverhältnis von einem Arbeitgeber erst einmal nicht gefordert werden.
Es gibt aber Ausnahmen, bei denen ein Arbeitgeber ein Führungszeugnis verlangen kann oder sogar muss. Das ist der Fall bei der Arbeit mit Kindern und Jugendlichen, bei Jobs im Strafvollzug, im Bewachungsgewerbe, bei der Arbeit in Eisenbahninfrastruktur- und Eisenbahnverkehrsunternehmen, im Transportgewerbe sowie bei der Aufsicht über Hafenanlagen oder bei Banken. Es sind noch weitere Ausnahmen denkbar.
Deutlich wird, die angestrebte Arbeitsstelle, fordert eine besondere Vertrauenswürdigkeit. Ein Kriterium dieser Vertrauenswürdigkeit kann durch ein Führungszeugnis nachgewiesen werden.

32. Was passiert mit Bewerberdaten nach einer Absage?

Bewerbungsunterlagen müssen spätestens sechs Monate nach der Absage gelöscht werden (siehe auch Frage 30). Sie können nur dann länger aufbewahrt werden, wenn die Daten dazu geeignet sind, der möglichen Aufnahme eines Beschäftigungsverhältnisses in einem anderen Bewerbungsverfahren zu ermöglichen. Ob sie länger aufbewahrt werden dürfen, entscheidet aber nicht der vielleicht zukünftige Arbeitgeber. Betroffene müssen der längeren Speicherung ausdrücklich zustimmen (siehe auch Frage 34).

33. Ist eine ausdrückliche Einwilligung zur Speicherung von Bewerberdaten erforderlich?

Prinzipiell ist eine Einwilligung zur Datenverarbeitung in einem Bewerbungsverfahren nicht notwendig. Ein potenzieller Arbeitgeber benötigt die Daten, da ansonsten nicht geprüft werden kann, ob jemand für eine Arbeit geeignet ist. Wer sich bewirbt, stimmt daher automatisch einer befristeten Speicherung zu.

34. Dürfen Bewerbungsunterlagen in internen Talent-Pools gespeichert werden?

Interne Talent-Pools dienen dazu, geeignete Bewerber in einem zukünftigen Auswahlverfahren gleich mit zu berücksichtigen. Das ist häufig dann der Fall, wenn sich Arbeitgeber nicht zu einer Einstellung entschließen konnten, aber den Bewerber grundsätzlich für geeignet halten in dem Betrieb oder der Verwaltung zu arbeiten.
Mit der Zustimmung von Betroffenen ist die längere Speicherung von Bewerbungsunterlagen erlaubt.
Einer, zumindest befristeten, Speicherung werden wohl nur wenige widersprechen, da es dadurch in Zukunft vielleicht ein tolles Jobangebot geben wird.

Möchte man nach einiger Zeit keine weitere Speicherung mehr, so müssen die Bewerbungsunterlagen, nachdem man es gefordert hat, sofort gelöscht werden.

35. Welche Schutzmaßnahmen gelten für Bewerberdaten?

Die Daten müssen technisch und organisatorisch geschützt sein und dürfen nur von denjenigen eingesehen werden, die dazu berechtigt sind. Das wird durch sogenannte »technisch-organisatorische Maßnahmen« (TOM) erreicht.

Technische Maßnahmen bedeutet, dass die Bewerberdaten in verschlossenen Schränken oder besonders gesicherten Bereichen abgelegt bzw. gespeichert werden. Organisatorische Maßnahmen bedeutet, dass alle, die nicht zur Personengruppe gehören, die mit dem Bewerbungsverfahren befasst sind, keine Möglichkeit haben die Bewerbungsdaten zu sehen, geschweige denn zu lesen. Der Kreis derjenigen, die darauf zugreifen dürfen, muss sehr eng begrenzt sein. Konkret sind das das Personalbüro, die Entscheider über Einstellungen und der Betriebs- bzw. Personalrat und eventuell die Schwerbehindertenvertretung.

36. Dürfen Arbeitgeber im Vorstellungsgespräch Fragen zur Gesundheit stellen?

Ja, wenn der Arbeitgeber sich auf Fragen nach wesentlichen Beeinträchtigungen der Leistungsfähigkeit beschränkt. Grundsätzlich darf er nur dann danach fragen, wenn dies für die Begründung des Beschäftigungsverhältnisses erforderlich ist. Gemeint ist damit, dass nur solche Fragen zur Gesundheit gestellt werden dürfen, die für den jeweiligen konkreten Arbeitsplatz von Bedeutung sind.

37. Gibt es das Recht, die Ablehnungsgründe bei einer gescheiterten Bewerbung zu erfahren?

Es gibt kein Gesetz, das Arbeitgeber dazu zwingt, die Absagegründe gescheiterten Bewerbern mitzuteilen. Aber über die DSGVO ist es nun möglich, es doch zu erfahren. Da personenbezogene Daten im Bewerbungsverfahren verarbeitet werden und Betroffene im Datenschutz bei jeder Stelle, die über sie Daten verarbeitet, nachfragen können, was über sie gespeichert wird, können sie dies auch nach einem Bewerbungsverfahren machen.
Arbeitgeber werden sich da sicherlich zuerst gegen sperren, da diese Sicht auf ein Bewerbungsverfahren noch neu ist. Wer die Absagegründe erfahren möchte, wird sich auf die DSGVO berufen und wahrscheinlich klagen müssen. Ein solches Verfahren kann sich aber hinziehen, da man wahrscheinlich durch mehrere Gerichtsinstanzen gehen muss.
Es gibt aber weiterhin kein Recht, zu erfahren, welche anderen Bewerber erfolgreich waren und vor allem warum.

38. Wie können Bewerber gegen Datenschutzverstöße vorgehen?

Gibt es einen Datenschutzverstoß, so sollten Bewerber mit dem Datenschutzbeauftragten der Firma oder Behörde sprechen. Betriebliche oder behördliche Datenschutzbeauftragte müssen dann klären, ob ein Datenschutzverstoß vorliegt. Ist das der Fall, so müssen sie aktiv werden und ihn klären. Zudem oder alternativ kann der Datenschutzbeauftragte des Landes oder die Datenschutzbeauftragte des Bundes zu Rate gezogen werden. Auch eine Klage ist, wie immer im Datenschutz, möglich.

39. Welche Verantwortung trägt der Betriebs- oder Personalrat bei Bewerbungsprozessen?

Da Betriebs- und Personalräte bzw. Mitarbeitervertretungen ein Mitbestimmungsrecht bei Bewerbungen haben, bekommen sie alle Bewerbungsunterlagen zu sehen. Sie prüfen dann u. a., ob alle Rechte von Bewerbern vom Arbeitgeber gewahrt werden. Dazu gehören auch die Datenschutzrechte im Bewerbungsverfahren. Betriebs- und Personalräte können einer Einstellung widersprechen. Werden sich Arbeitgeber und Betriebs- oder Personalrat nicht einig, so entscheidet eine Einigungsstelle. Es gibt auch Ausnahmen bei den Mitbestimmungsrechten bei bestimmten Personengruppen im Bewerbungsverfahren, bspw. bei leitenden Angestellten. Da haben gesetzliche Interessenvertretungen nur ein Informationsrecht.

40. Welche Datenschutzpflichten gelten für Personalvermittler?

Personalvermittler müssen genauso den Datenschutz einhalten wie eine Firma oder eine Verwaltung in einem Bewerbungsverfahren. Sie müssen also die Daten durch »technisch-organisatorische Maßnahmen« (TOM) sichern. Sie müssen zudem die Aufbewahrungsfrist beachten, sie dürfen die Daten nur mit Einwilligung der betroffenen Person in eine Bewerberdatenbank, häufig Talent-Pool genannt, aufnehmen. Personalvermittler müssen, wie alle die beruflich mit personenbezogenen Daten arbeiten, die Rechtmäßigkeit der Datenverarbeitung prüfen und einhalten. Dazu gehört die juristische Grundlage der Datenverarbeitung, die Verarbeitung nach Treu und Glauben, die Transparenz der Datenverarbeitung, die Zweckbindung, die Datenminimierung, die Richtigkeit und die Speicherbegrenzung, die Integrität und Vertraulichkeit und die schriftliche Dokumentation.
Insbesondere müssen Personalvermittler darauf hinweisen, dass sie die Bewerberdaten an Dritte weitergeben, also an suchende Arbeitgeber.
Personalvermittler müssen Bewerber schriftlich umfassend über ihre Datenverarbeitung aufklären. Dazu gehört auch die Datenschutzerklärung auf ihrer Webseite. Immer dazu gehört eine Verschwiegenheitserklärung durch den Personalvermittler, da ansonsten nicht sicher ist, was er wem erzählt.
Personalvermittler müssen einen eigenen Datenschutzbeauftragten haben.

C. Datenschutz während des laufenden Arbeitsverhältnisses

Im laufenden Arbeitsverhältnis gibt es eine Reihe von Rechten und Pflichten beim Datenschutz für Beschäftigte und dem Arbeitgeber. Es gibt leider keine Checkliste, die man einfach abhaken kann, um die Rechtmäßigkeit einer Datenverarbeitung im Arbeitsverhältnis zu prüfen.
Welche personenbezogenen Daten ein Arbeitgeber in welcher Art verarbeiten darf ist juristisch immer wieder umstritten. Es ist notwendig die Einzelfragen genau zu prüfen.

41. Welche Beschäftigtendaten dürfen Arbeitgeber erheben?

Grundsätzlich darf der Arbeitgeber nur die Daten erheben, die er für das Beschäftigungsverhältnis benötigt. Aus Sicht des Arbeitgebers sind das häufig möglichst alle Beschäftigtendaten, da sich immer ein Grund findet, wofür er sie gebrauchen kann.
Das ist ein sehr vereinfachter Blick auf die personenbezogenen Daten von Beschäftigten und reicht als Begründung nicht aus. Der Arbeitgeber braucht sicherlich personenbezogene Daten, um bspw. Löhne zu zahlen, Beschäftigte am optimalen Arbeitsort einsetzen zu können und Meldungen im Sozialversicherungsbereich machen zu können.
Für allen personenbezogenen Daten von Beschäftigten braucht er aber immer eine rechtliche Grundlage oder eine freiwillige Einwilligung der betroffenen Person.
Die wichtigste rechtliche Grundlage für die Datenverarbeitung ist ein Arbeitsvertrag.

Da es bei der Arbeit bspw. auch um Gesundheit und Sicherheit am Arbeitsplatz oder um den Schutz des Eigentums der Arbeitgeber oder von Kunden geht, dürfen Arbeitgeber mehr als die oben genannten Daten erfassen und auswerten. Sie müssen dabei aber den Grundsatz der Verhältnismäßigkeit beachten. Die Verhältnismäßigkeit orientiert sich daran, ob ein Arbeitgeber einerseits sie wirklich braucht um sein »berechtigtes« Interesse durchzusetzen und andererseits, ob es nicht mildere Mittel gibt, um sein Ziel zu erreichen.

Grundsätzlich gilt nach dem Datenschutz: Um die Arbeit zu organisieren und ihre Pflichten als Arbeitgeber zu erfüllen dürfen Arbeitgeber Personaldaten verarbeiten.

Umstritten ist immer wieder die Frage der Leistungs- und Verhaltenskontrolle von Beschäftigten. Eine totale Überwachung ist auf jeden Fall verboten. Wenn es mildere Mittel gibt, um das Ziel zu erreichen, muss der Arbeitgeber diese benutzen.

Zusammengefasst: Es ist unbestritten, dass ein Arbeitgeber eine Reihe von personenbezogenen Daten von Beschäftigten benötigt, um seinen gesetzlichen Pflichten zu erfüllen und planerisch den Betrieb zu gestalten (siehe auch Frage 3).

42. Dürfen Arbeitgeber private Telefonnummern von Beschäftigten speichern?

Private Telefonnummern von Beschäftigten darf ein Arbeitergeber normalerweise nicht speichern.

Es gibt aber Ausnahmen: Das können in seinem Betrieb bspw. Menschen sein, die eine besonders wichtige Arbeit haben, wie Systemadministratoren oder Hausmeister. Sie müssen auch im Notfall erreichbar sein, damit größere Probleme gleich geregelt werden und andere Beschäftigte weiterarbeiten können.

Sind diese »Notfälle« nicht die absolute Ausnahme, so benötigen die Beschäftigten ein Diensttelefon. Sinnvoll ist es, die Nutzung von Diensttelefonen und Notfallregelungen in einer Betriebs- oder Dienstvereinbarung zu regeln. Das ist deshalb wichtig, damit sie nicht ständig in ihrer Freizeit angerufen werden.

Wenn Beschäftigte ihre privaten Telefonnummern dem Arbeitgeber freiwillig zur Nutzung geben, so darf er sie für berufliche Zwecke nutzen.

43. Was gilt für die Erfassung von Arbeitszeiten?

Arbeitgeber sind dazu verpflichtet, die Arbeitszeiten von Beschäftigten zu erfassen. Dazu gehören die Anfangs- und Endzeit und auch die Pausenzeiten. Diese Erfassung dient einerseits dazu, dass die vereinbarte Arbeitszeit geleistet und auch abgerechnet wird und anderseits dazu, Beschäftigte davor zu schützen die gesetzliche Höchstarbeitszeit zu überschreiten.
Bei Beschäftigten muss zwischen zwei Arbeitstagen eine ununterbrochene Ruhezeit von elf Stunden liegen. Diese Ruhezeit muss eingehalten und nachgewiesen werden.
Es gibt aber einige Ausnahmen, bspw. in Krankenhäusern, Einrichtungen zur Behandlung, Pflege und Betreuung von Menschen, beim Rundfunk, in Verkehrsbetrieben, in der Landwirtschaft und der Tierhaltung, bei Jugendlichen etc.
In solchen Fällen ist es ratsam mit der gesetzlichen Interessenvertretung (Betriebs- und Personalrat, der Mitarbeitervertretung) zu sprechen.
Die Arbeitszeiterfassung ist wichtig für die Gesundheitsvorsorge für Beschäftigte.

44. Welche Datenschutzpflichten gelten bei Zeiterfassungssystemen?

Grundsätzlich gelten beim Einsatz von Zeiterfassungssystemen die gleichen Datenschutzpflichten wie in anderen Bereichen am Arbeitsplatz auch.
Die Datenerfassung muss notwendig sein (siehe auch Frage 13). Es müssen auch beim Einsatz eines Zeiterfassungssystems immer die in Frage »5. Welche Grundsätze der DSGVO sind für Arbeitgeber relevant?« aufgelisteten Anforderungen erfüllt werden.
Es geht also immer darum, diese Anforderung mit konkreten Inhalten zu füllen. Dazu gehört, dass der Arbeitgeber die Dokumentation von Arbeitszeiten mindestens zwei Jahre aufbewahren muss. Steuerrechtliche Aspekte

können dazu führen, dass die Arbeitszeiterfassung zehn Jahre aufbewahrt werden muss.
Grundsätzlich müssen die Daten der Zeiterfassung auf das erforderliche Maß beschränkt sein. Verarbeiten dürfen dann diese Daten nur Personen, die diese Informationen benötigen, um bspw. das Arbeitszeitkonto abzurechnen.
Zudem dürfen Betriebs- und Personalräte und Mitarbeitervertretungen im Rahmen ihrer Kontrollrechte diese Daten einsehen. Im ersten Schritt reichen dafür die anonymisierten Daten, also ohne die Namen der Beschäftigten, aus. Sollten sich daraus begründete Rückfragen ergeben, so erfährt ein Mitbestimmungsgremium auch den Namen der betroffenen Person.

45. Dürfen Arbeitgeber Informationen zur Religionszugehörigkeit erfragen?

Normalerweise nicht, da sie laut DSGVO zu den besonders schützenswerten Daten gehören und diese den Arbeitgeber nichts angehen.
Anders sieht es aus, wenn Arbeitgeber die Kirchensteuern für Beschäftigte abführen müssen. Das betrifft die katholische und die evangelische Kirche. Diese Informationen dürfen aber nur für die Abrechnungen dieser Steuern benutzt werden.
In kirchlichen Einrichtungen darf, bei manchen Stellen, nach der Religionszugehörigkeit gefragt werden.

46. Welche Regelungen gelten für die Verarbeitung von Gesundheitsdaten?

Grundsätzlich unterliegen Gesundheitsdaten einem besonders strengen Schutz durch die Datenschutzgesetze.
Beschäftigte sind nicht dazu verpflichtet, ihre Gesundheitsdaten dem Arbeitgeber oder den direkten Vorgesetzten zu übermitteln. Für den Betrieb oder die Verwaltung reicht es aus eine Krankmeldung ohne weitere Informationen über die Art der Krankheit abzugeben.

Auch welche Ärztin oder welcher Arzt die Krankmeldung ausgestellt hat, muss nur die Personalabteilung wissen.
Beschäftigte müssen eine bei ihnen festgestellte Schwerbehinderung dem Arbeitgeber nicht melden. Sie entscheiden das alleine.
Wird die Schwerbehinderung gemeldet, so muss der Arbeitsplatz vielleicht entsprechend gestaltet und mit zusätzlichen Hilfen ausgestattet werden. Alle, auch die, die beispielsweise mit der Einrichtung des Arbeitsplatzes befasst sind, unterliegen einer besonderen Verschwiegenheitspflicht.
Grundsätzlich dürfen Gesundheitsdaten nur durch einen kleinen Kreis von Menschen in der Personalabteilung verarbeitet werden.
Kommt es zu einem BEM-Verfahren (betriebliches Eingliederungsmanagement), darf auch hier nur der für das Verfahren festgelegte Personenkreis die Gesundheitsinformationen erfahren. Allen nicht am BEM-Verfahren Beteiligten gegenüber, sind sie zur Verschwiegenheit verpflichtet.
Eine Schwerbehindertenvertretung erfährt vom Arbeitgeber, welche Beschäftigten schwerbehindert oder gleichgestellt sind. Sie unterstützen diesen Personenkreis und achten darauf, dass ihre Rechte im Betrieb eingehalten werden. Schwerbehindertenvertretungen unterliegen einer Schweigepflicht über alles, was sie in ihrem Amt erfahren.

47. Inwieweit dürfen Krankmeldungen gespeichert werden?

Krankmeldungen müssen eine bestimmte Zeit aufbewahrt werden, da sie für Arbeitgeber und Beschäftigte wichtige Informationen enthalten. Über die Dauer der Speicherung gibt es keine genaue gesetzliche Regelung. Sie ist wieder, wie immer im Datenschutz, davon abhängig, ob der berechtigte Zweck einer Krankmeldung für den Arbeitgeber erfüllt ist.
Einige Beispiele: Sie müssen gespeichert werden, da für den Arbeitgeber nach sechs Wochen Dauererkrankung die Pflicht zur Lohnfortzahlung entfällt. Danach übernimmt die Krankenkasse die Zahlungen.
Auch eine Abteilungsleitung muss erfahren, ob und wie lange jemand krank ist, damit sie die Arbeit anders verteilen kann.
Beschäftigten die mehr als sechs Wochen innerhalb eines Jahres wegen ein und derselben Erkrankung krankgeschrieben sind, muss ein BEM-Verfahren anboten werden.

Im BEM-Verfahren geht darum Langzeiterkrankten eine frühzeitige Rückkehr in ihren Betrieb zu ermöglichen. Das wird bspw. dadurch erreicht, das betroffene Beschäftige über einen festgelegten Zeitraum nur wenige Arbeitsstunden pro Arbeitstag arbeiten. Dieser Zeitraum wird dann nach und nach erhöht, bis sie wieder ganz normal ihrer Arbeit nachkommen können.
Die Krankmeldungen dürfen drei Jahre aufbewahrt werden, da eventuell auf sie wegen eines Kündigungsverfahrens zurückgegriffen wird.

48. Was darf in einer Personalakte stehen?

Was in einer Personalakte abgelegt wird, entscheidet der Arbeitgeber. Allerdings müssen die dort abgelegten Informationen einen engen Zusammenhang mit dem Arbeitsverhältnis haben. Grenzen setzen datenschutz- und betriebsverfassungsrechtliche Vorgaben und die Persönlichkeitsrechte der Beschäftigten.
Zuerst einmal geht es darum, was in einer Personalakte stehen darf. Das ist der Personalstammbogen, in dem auf wenigen Seiten die wichtigsten Informationen über Arbeitnehmende gespeichert sind. Dazu gehört der Name, die Adresse, das Geburtsdatum, das Geschlecht, der Familienstand, die Staatsangehörigkeit, die Kontodaten, die Sozialversicherungsnummer, das Eintrittsdatum, die ausgeübte Tätigkeit, die Arbeitszeit und die Verteilung der wöchentlichen Arbeitszeit auf bestimmte Tage und der Urlaubsanspruch. Zusätzlich sind im Personalstammbogen der höchste Schulabschluss und die Berufsausbildung, eine eventuelle Befristung, eine Schwerbehinderung, die Steuerangaben wie Identifikations-Nr., die Steuerklasse, Kinderfreibeträge und die Konfession eingetragen. Des Weiteren die Entlohnung, Vermögenswirksame Leistungen und Angaben darüber, ob bestimmte Arbeitspapiere vorliegen (Arbeitsvertrag, Schwerbehindertenausweis…).
Teil der Personalakte sind neben dem Personalstammbogen die Bewerbungsunterlagen, der Arbeitsvertrag und eventuelle Änderungen im Arbeitsvertrag wie Beförderungen, Versetzungen, Entsendungen. Ergänzt wird die Personalakte durch Nachweise der Fortbildungen und Qualifizierungen der betroffenen Person, dienstliche Beurteilungen und Zwischen- und Endzeugnisse. Gab es arbeitsrechtliche Sanktionen wie Ermahnun-

gen, Abmahnungen und Kündigungen durch den Arbeitgeber, werden sie ebenfalls hier hinterlegt.
Wenn eine Abmahnung ihre Warnfunktion erfüllt hat, muss sie nicht mehr in einer Personalakte stehen. Das ist bspw. dann der Fall, wenn es um eine verhaltensbedingte Abmahnung wegen ständigen Zuspätkommens geht. Liegen diese Vorfälle schon einige Jahre zurück und gibt es keine erneuten Vorfälle, sollte man sie entfernen lassen. Betroffene müssen sich dazu an den Arbeitgeber wenden.
Weitere Inhalte der Personalakte sind, wie sich das Gehalt entwickelt hat (plus Pfändungen und Darlehen), die Lohnsteuerkarte und die Sozialversicherungsunterlagen. Gesammelt werden dort auch Zeiten wie Urlaubstage und Krankheitstage, Mutterschutz, Elternzeit und Arbeitsunfälle.
Besonders wichtig ist dann noch die Stellenbeschreibung. An ihr kann man sehen, ob der Lohn mit der Beschreibung der Arbeit stimmig ist.
Weitere Inhalte der Personalakte können ein Führungszeugnis oder Arbeit- / Aufenthaltserlaubnisse sein.
Änderungsmitteilungen und Korrespondenz mit der betroffenen Person und Sozialversicherungsträgern etc. sind ebenfalls in der Personalakte abgelegt.
Wie schon gesagt: In eine Personalakte darf der Arbeitgeber nicht alles hineinpacken, was er möchte.
Unter Umständen sind ärztliche Beurteilungen erlaubt. Ob sie erlaubt sind, sollte beim betrieblichen oder behördlichen Datenschutzbeauftragten und mit dem Betriebs- oder Personalrat und der Mitarbeitervertretung geklärt werden.
Unterlagen eines BEM-Verfahrens gehören nicht in eine Personalakte, sondern in eine gesonderte BEM-Akte, die nach einiger Zeit vernichtet werden muss.
Eventuell gibt es auch über einen Tarifvertrag oder eine Betriebsvereinbarung besondere Regelungen darüber, was in einer Personalakte wie lange aufbewahrt werden darf. Es kann sich lohnen beim Betriebs- oder Personalrat bzw. der Mitarbeitervertretung nachzufragen.
Das Fazit ist: Der Arbeitgeber darf nur das in die Personalakte aufnehmen, was der Gesetzgeber erlaubt. Sonder- oder Nebenakten darf es nicht geben. All diese Daten gehören in die Personalakte oder müssen gelöscht werden. Das Führen von »Geheimakten« ist also verboten. Es darf nur eine Personalakte geben!

49. Welche Datenschutzregeln gelten für die Personalakte?

Da sich in einer Personalakte sehr viele personenbezogene Daten befinden, müssen sie nach der DSGVO besonders gut geschützt werden. Daher sind sie durch »technisch-organisatorische Maßnahmen« (TOM) abzusichern.

Technischen Maßnahmen sind insbesondere die folgenden Maßnahmen:

- Die Zutrittskontrolle in den Raum, in dem diese Daten gelagert sind. Die Zugangskontrolle zu den Daten. Also verschlossene Schränke und / oder Passwörter für die PCs.
- Die Zugriffskontrolle, damit nur diejenigen die dazu berechtigt sind, die Daten sehen und darauf zugreifen können.
- Die Weitergabekontrolle: die Daten müssen während ihres Transports (z.B. per Mail) so geschützt sein, dass sie nicht unbefugt gelesen, kopiert, verändert oder entfernt werden können, und dass überprüft und festgestellt werden kann, an welchen Stellen eine Übermittlung personenbezogener Daten durch Einrichtungen zur Datenübertragung vorgesehen ist.
- Die Eingabekontrolle: Es muss nachträglich überprüft und festgestellt werden können, ob und von wem personenbezogene Daten in Datenverarbeitungssysteme eingegeben, verändert oder entfernt worden sind.
- Die Auftragskontrolle, damit personenbezogene Daten, die im Auftrag verarbeitet werden, nur entsprechend den Weisungen des Auftraggebers verarbeitet werden können.
- Die Verfügbarkeitskontrolle. Damit die personenbezogenen Daten gegen zufällige Zerstörung oder Verlust geschützt sind (u.a. durch eine Datensicherung).
- Durch Datentrennung. Damit zu unterschiedlichen Zwecken erhobene Daten getrennt verarbeitet werden können.

Eine gute Verschlüsselung unterstützt diese Maßnahmen. Sie werden von vielen Arbeitgebern aber noch zu selten eingesetzt.

Diese Regeln gelten unabhängig davon, ob die Daten auf Papier oder digital vorliegen.

Zu den organisatorischen Maßnahmen gehört es, die Personalakten nur einem ganz kleinen Kreis von eindeutig festgelegten Menschen zugänglich zu machen (das nennt sich dann ein Rollenkonzept): das sind betroffene Arbeitnehmer, der Arbeitgeber und ausgewählte Personalverantwortliche und auf Wunsch des Beschäftigten ein Betriebs- oder Personalrat zusammen mit der betroffenen Person (siehe auch S. 8).

50. Wie lange dürfen Leistungsdaten von Beschäftigten gespeichert werden?

Der Zweck einer Leistungsbeurteilung ist es den aktuellen Leistungsstand von Beschäftigten zu erfahren. Eventuell soll auch über einen längeren Zeitraum eine Leistungsentwicklung festgestellt werden.
Soll es Teil einer langfristige Leistungsentwicklung werden, so muss dies vor der Erstellung der Beurteilung den Betroffenen mitgeteilt werden.
Hier stellt sich die Frage nach dem Sinn einer langfristigen Leistungsbeurteilung, wenn die Fragen und die Auslegung der Beurteilungskriterien nicht schriftlich genau festgelegt sind. Wechseln die Personen, die bei bestimmten Beschäftigten über die Leistungsentwicklung schreiben, so kann dieser Wechsel schon zu anderen Ergebnissen führen.
Nach einigen Jahren sind alte Leistungsbeurteilungen nicht mehr aussagekräftig, daher müssen sie dann – außer bei einer langfristigen Leistungsbeurteilung, die eine Entwicklung aufzeigen sollen – gelöscht werden.
Bei Leistungsdaten von Beschäftigten muss unterschieden werden zwischen quantitativen (mengenmäßigen) Werten, wie Stückzahlen oder Umsätze, und qualitativen Werten wie die Qualität oder die Wirksamkeit einer Arbeit. Die quantitativen Werte können einige Zeit aufbewahrt werden, bei den qualitativen Werten kann es schnell zu einer unzulässigen Überwachung werden, die gegen das Persönlichkeitsrecht des Betroffenen verstößt.
Feste Fristen und eine gesetzliche Regelung über die Speicherung von Leistungsdaten gibt es nicht. Werden die Leistungsdaten nur zu dem Zweck der Entlohnung gespeichert, dann können und müssen sie wieder gelöscht werden, wenn man sie für die Entlohnung nicht mehr benötigt. Gibt es tarifliche Ausschlussfristen, müssen diese abgewartet werden. Ist das nicht der Fall, so gilt die Verjährungsfrist von drei Jahren. Geht es bspw. bei einer Zwischenbeurteilung um die allgemeine Einschätzung der Leistung eines Beschäftigten, so ist ähnlich, wie bei einer Abmahnung, von einer Frist von

zwei bis drei Jahren auszugehen. Liegt die Datenerfassung länger zurück, bspw. fünf Jahre, so haben sie für eine Leistungsbeurteilung höchstwahrscheinlich keine Bedeutung mehr und müssen gelöscht werden.
Wenn es sich um sehr positive Dinge wie eine Auszeichnung handelt, kann der Arbeitnehmer verlangen, dass sie in der Personalakte bleiben, weil er daran ein berechtigtes Interesse hat.
Nach Beendigung des Arbeitsverhältnisses darf der Arbeitgeber alle Leistungsbeurteilungen nur drei Jahre aufbewahren.

51. Dürfen Vorgesetzte Einsicht in die Personalakte nehmen?

Vorgesetzte dürfen keine Einsicht in die Personalakte nehmen. Einsicht dürfen auf der Arbeitgeberseite nur der Arbeitgeber selbst und Personaler nehmen. Die Personaler aber nur dann, wenn sie eine Einsicht benötigen, um ihre Arbeit zu erledigen. Direkte Vorgesetzte am Arbeitsplatz haben nicht das Recht, in die Personalakte zu schauen.

52. Dürfen Beschäftigte Einsicht in ihre Personalakte verlangen?

Ja, Beschäftigte haben das Recht, in ihre Personalakte zu schauen, da sie ansonsten nicht prüfen können, was sie enthält und ob die Daten richtig sind.
Sind die Daten nicht in Ordnung, können Beschäftigte eine Korrektur verlangen, die der Arbeitgeber dann auch veranlassen muss.
Bei der Einsicht in die Personalakte können Beschäftigte Notizen, Abschriften und Kopien auf eigene Kosten anfertigen. Auch Fotos von einzelnen Unterlagen per Smartphone sind erlaubt. Es ist erst einmal aber nicht erlaubt, auf diese Weise eine vollständige Kopie der Personalakte zu erstellen. Das könnte man zwar vom Datenschutzrecht herleiten, das Bundesarbeitsgericht hat in einem Urteil aber festgestellt, dass dazu besonders gewichtige Gründe vorgebracht werden müssten.

Einen Einblick in ihre Personalakte können Beschäftigte jederzeit und auch ohne konkreten Anlass fordern. Auch während der Arbeitszeit. Es müssen dabei allerdings die betrieblichen Belange beachtet werden.
Wenn sie wollen, so können sie dazu ein Betriebsrats- oder Personalratsmitglied bzw. Mitarbeitervertreter ihrer Wahl hinzuziehen.
Auch nach dem Ende eines Arbeitsverhältnisses dürfen ehemalige Beschäftigte noch in ihre Personalakte schauen.

53. Was gilt bei der Speicherung von Arbeitszeugnissen?

Arbeitszeugnisse werden in der Regel drei Jahre aufbewahrt. Die drei Jahre gelten auch nach dem Ende eines Arbeitsverhältnisses. Es gibt keinen Grund, warum der Arbeitgeber noch länger die Arbeitszeugnisse aufbewahren darf, da sie ja ihren Zweck erreicht haben. Der Arbeitgeber muss, wenn er sie länger speichern möchte, dafür besondere betriebliche Gründe nachweisen.

54. Wie können Beschäftigte der Verarbeitung ihrer Daten widersprechen?

Beschäftigte können jederzeit der Verarbeitung ihrer personenbezogenen Daten widersprechen. Dann darf der Arbeitgeber sie nicht mehr benutzen. Das gilt nicht für Daten, die der Arbeitgeber aufgrund eines Gesetzes oder einer Verordnung an Dritte senden muss. Bedacht werden muss aber, dass der Arbeitgeber viele Daten über Beschäftigte benötigt, damit das Arbeitsverhältnis überhaupt funktionieren kann. Einfach der Verarbeitung jeglicher personenbezogenen Daten zu widersprechen, geht also nicht.
Ein Widerspruch gegen eine Datenverarbeitung muss direkt an den Arbeitgeber gerichtet sein. Sinnvoll ist es, einen schriftlichen Widerspruch einzureichen und sich vorher mit dem Betriebs- bzw. Personalrat oder der Mitarbeitervertretung zu beraten.

55. Welche besonderen Regeln gelten für die Speicherung von Fotos und Videos von Beschäftigten?

Zuerst einmal muss geklärt werden, ob Beschäftigte der Erstellung von Fotos oder Videos in Betrieb oder Verwaltung überhaupt zugestimmt haben. Ist das nicht der Fall, darf der Arbeitgeber sie nicht nutzen und auch nicht speichern.
Wurde zugestimmt, dann stellt sich die Frage, ob die Nutzung nur für einen besonderen Anlass oder auf Dauer erlaubt wurde. Arbeiten Beschäftigte nicht mehr in dem Betrieb oder der Verwaltung, so ist davon auszugehen, dass auch eine Zustimmung zu einer Veröffentlichung erloschen ist.
Sind es Aufnahmen, beispielsweise vom Firmengelände, bei denen einzelne Menschen nur »Beiwerk« sind, so dürfen sie genutzt werden. Beiwerk meint, dass das Foto auch ohne die betroffene Person »funktionieren« würde.

56. Dürfen Arbeitgeber Beschäftigtendaten an »Dritte« weitergeben?

Dazu muss zuerst einmal klar sein, was »Dritte« sind. Das sind alle außerhalb der Firma oder der Behörde. Ohne Zustimmung der Betroffenen dürfen keine Daten an »Dritte« weitergegeben werden, außer es ist in einem Vertrag oder einem Gesetz geregelt. Alle Arbeitgeber müssen aber jeden Monat eine Reihe von Beschäftigtendaten, bspw. an Steuerbehörden oder die Rentenversicherung senden.
Selbst innerhalb eines Konzerns dürfen die Beschäftigtendaten nur unter engen Voraussetzungen, an die Konzernmutter weitergegeben werden, wenn die eigene Firma eine unabhängige Tochter im Konzern ist. Es gibt kein sogenanntes »Konzernprivileg« für den Arbeitgeber. Er darf also die Daten der Beschäftigten nicht einfach weitergeben.
Eine freiwillige Zustimmung von Beschäftigten zur Datenweitergabe innerhalb eines Konzerns ist möglich. Das kann z. B. dann der Fall sein, wenn die Konzernmutter erfahren möchte, wer bestimmte Qualifikationen in der Belegschaft hat. Dadurch öffnen sich vielleicht Karrierechan-

cen, die Beschäftigte dazu bringen, ihre Daten für die Konzernmutter freizugeben.

57. Was müssen Arbeitgeber bei der Nutzung von Cloud-Diensten beachten?

Wie bei allen ausgesourcten Arbeiten muss der Arbeitgeber schon vor dem Abschluss eines Vertrages prüfen, ob es ein vertrauenswürdiger Anbieter ist, der die Anforderungen der DSGVO und anderer Datenschutzgesetze erfüllt.
Der Anbieter muss ausreichende Garantien für den Datenschutz nachweisen können. Das könnte u. a. eine anerkannte Zertifizierung, der Standort des Servers und regelmäßige Sicherheitsüberprüfungen sein.
Kann er dies nicht nachweisen oder ist allgemein bekannt, dass die Daten dort nicht sicher sind, so darf der Arbeitgeber keinen Vertrag mit diesem Dienstleister abschließen.
Kommt der Arbeitgeber zu dem Schluss, dass der Cloud-Anbieter vertrauenswürdig ist und die Anforderungen an den Datenschutz erfüllt, muss er einen Auftragsdatenvertrag abschließen.
Der Auftragsdatenvertrag muss genaue Regelungen enthalten. Das betrifft zumindest die Art und der Zweck der Datenverarbeitung, die Dauer, eine Verpflichtung nur nach den Weisungen des auftraggebenden Unternehmens zu arbeiten, die Daten zu verschlüsseln und Regelungen für Subunternehmer. Natürlich muss eine Datenübermittlung in Drittländer (außerhalb der EU) geregelt sein und es müssen vom Clouddienst angemessene technische und organisatorische Maßnahmen zum Schutz der Daten getroffen werden.
Um die Rechte der Beschäftigten in der Cloud umzusetzen (Recht auf Auskunft, Berichtigung, Löschung oder Datenübertragbarkeit) muss es technisch möglich sein, in der Cloud einzelne Daten zu löschen oder zu exportieren. Das gilt auch für Backups.
Der Clouddienst muss die Arbeiten dokumentieren.

58. Wie wird Datenschutz bei Diensthandys gewährleistet?

Da ein Diensthandy vielen Gefahren ausgesetzt ist (Verlust, Diebstahl, Viren und Malware [Schadsoftware], unverschlüsselte Kommunikation, unsichere Netzwerke ...) muss es besonders geschützt werden. Nur dann sind die dort anfallenden personenbezogenen Daten sicher.
Um ein Diensthandy zu schützen, muss die dort installierte Software auf dem aktuellen Stand sein. Normalerweise kümmert sich darum die IT-Abteilung der Firma oder Behörde. Selbst Apps zu installieren, ist gewöhnlich nicht gestattet.
Zur Sicherheit eines Diensthandys gehört eine Geräteverschlüsslung und ein starkes Passwort, um das Handy zu aktivieren, eine erneute Passworteingabe, wenn nach einer relativ kurzen Nichtaktivität ein Schutzbildschirm erscheint und eine Schutzfolie, die Seitenblicke auf das Handy verhindert. So wie ein PC ein Anti-Viren-Programm installiert hat, sollte auch auf dem Diensthandy dieser Schutz installiert sein.
Um eine sichere Kommunikation mit der Firma oder Behörde zu ermöglichen, haben Diensthandys normalerweise eine VPN installiert.
VPN steht für »Virtual Private Network«, also für ein »virtuelles privates Netzwerk«. Das ist ein geschlossenes, passwortgeschütztes Netzwerk, das eine sichere Netzwerkverbindung zum Netzwerk des Arbeitgebers herstellt. Das ist dann besonders wichtig, wenn beispielsweise aus einem ungeschützten WLAN im Homeoffice, in einem Hotel oder einem Café auf die Daten im dienstlichen Netz zugegriffen werden soll.
Neben den genannten Gründen ist das Nutzerverhalten entscheidend für die Sicherheit eines Diensthandys. Dazu gehört, wie bei einem PC, ein vorsichtiger Umgang mit Mails, Mailanhängen und Websites.
Was bei der Nutzung von Diensthandys zu beachten ist, sollte durch eine klare schriftliche Regelung durch den Arbeitgeber festgelegt sein.
Unbedingt geklärt sein muss, ob das Diensthandy auch privat genutzt werden darf und wenn ja, welche Privatnutzung erlaubt ist. In diesen Regeln des Arbeitgebers sollte auch stehen, welche Auswertungen der Daten des Diensthandys durch den Arbeitgeber vorgenommen werden.
Die Auswertung unterliegt der Mitbestimmung und Betriebs- und Personalräte und Mitarbeitervertretungen können dazu Betriebs- oder Dienstvereinbarungen abschließen, die das genau regeln.

Fest steht, dass Arbeitgeber die Nutzung von Diensthandy nicht uneingeschränkt überwachen darf. Die Überwachung des Diensthandys bedarf einer Einwilligung des Beschäftigten und muss verhältnismäßig sein. Das heimliche Abhören und Aufzeichnen von Gesprächen sind verboten.
In einem Callcenter kann das Aufzeichnen von Gesprächen zur Qualitätskontrolle erlaubt sein, wenn beide Seiten zustimmen. Gemeint ist damit der Kunde oder der Beschäftigte.
Wenn eine private Nutzung des Diensthandys verboten ist, dürfen Arbeitgeber E-Mails und den Browserverlauf stichprobenartig überprüfen.
Wird ein privates Mobiltelefon auch für geschäftliche Zwecke oder ein geschäftliches Gerät auch für private Zwecke genutzt, sind die Kontrollmöglichkeiten eines Arbeitgebers noch geringer als bei einer rein dienstlichen Nutzung. Zu diesem Thema siehe auch die nächste Frage.
Auf jeden Fall ist es gut, wenn die Beschäftigten eine Schulung über die richtige Nutzung des Diensthandys erhalten.

59. Was gilt für den Umgang mit privaten Geräten im Arbeitsumfeld (BYOD)?

Die Abkürzung BYOD steht für »Bring your own device«, übersetzt bedeutet es, »bring deine eigenen Geräte« mit. Das können bspw. eigene Notebooks, Tablets oder Smartphones sein. In der Zeitungszustellung und in anderen Arbeitsbereichen ist das der Standard.
Die Arbeitgeber verlagern damit Kosten und das Risiko auf die Beschäftigten. Das Gerät muss selbst angeschafft und die Kosten müssen selbst getragen werden. Für die Funktionsfähigkeit und Sicherheit müssen die Beschäftigten selbst sorgen. Manchmal gibt es eine kleine Kostenpauschale. Entstehen durch die geschäftliche Nutzung Mehrkosten, so muss der Arbeitgeber diese ersetzen. Um das durchzusetzen, wird zumeist ein Betriebs- oder Personalrat bzw. eine Mitarbeitervertretung benötigt, die eine entsprechende Vereinbarung mit dem Arbeitgeber abschließt.
Sollte ein solches Handy im Zusammenhang mit der dienstlichen Nutzung beschädigt, zerstört oder nicht mehr auffindbar sein, so muss der Arbeitgeber es ersetzen. Allerdings nicht bei grob fahrlässigem Verhalten des Beschäftigten. Dagegen sperren sich viele Arbeitgeber und der Anspruch wird wahrscheinlich nur gerichtlich durchsetzbar sein.

Der Vorteil für die Beschäftigten bei der dienstlichen Nutzung eines privaten Handys ist, dass der Arbeitgeber ein solches Gerät in der Praxis nicht kontrollieren darf und kann. Anders kann es aussehen, wenn eine ganz bestimmte App vom Arbeitgeber für die dienstlichen Arbeiten vorgeschrieben ist. Dann stellt sich die Frage, was eine solche App alles aufzeichnet und wie die Daten ausgewertet werden.
Selbst wenn Beschäftigte unter den dringenden Verdacht einer schweren Pflichtverletzung oder einer Straftat stehen, kann der Arbeitgeber nicht die Herausgabe des privaten Handys verlangen, um die gespeicherten Daten zu analysieren.
Nach der Beendigung eines Arbeitsverhältnisses oder eventuell auch bei einer Versetzung müssen Beschäftigte die dienstlichen Daten löschen.
Die Nutzung eines privaten Gerätes für Arbeitszwecke darf nicht vom Arbeitgeber angeordnet oder durch eine Betriebs- oder Dienstvereinbarung erzwungen werden. Der Arbeitgeber muss zur Nutzung eine Vereinbarung mit den Beschäftigten abschließen und er darf sie mit dieser Vereinbarung nicht unangemessen benachteiligen. Tragen Beschäftigte allein die Kosten, so wäre das eine unangemessene Benachteiligung.
Beim Umgang mit dienstlichen, personenbezogenen Daten ist der Arbeitgeber die verantwortliche Stelle im Sinne des Datenschutzes. Er muss dafür sorgen, dass alle Anforderungen des Datenschutzes auf den privaten Geräten eingehalten werden können. Daher muss er dafür sorgen, das private und dienstliche Daten technisch getrennt sind. Hinzu kommt ein eigenes Passwort für die dienstlichen Daten.
Viele datenschutzrechtliche Aspekte sind bei BYOD ungeklärt. Das liegt auch daran, dass es relativ wenige Gerichtsurteile zu diesem Bereich gibt. Mehr Sicherheit für die Beschäftigten gibt ein klar durchformulierter Vertrag mit dem Arbeitgeber oder eine Betriebs- oder Dienstvereinbarung. Ein Vertrag sollte auf jeden Fall vorher durch die Betriebs- oder Personalräte bzw. Mitarbeitervertretungen geprüft werden.

60. Dürfen Arbeitgeber GPS-Tracking bei Dienstwagen einsetzen?

Eine genaue gesetzliche Regelung gibt es nicht, aber der Datenschutz zeigt Grenzen auf. Hintergrund ist, dass hier zumeist der Schutz persönlicher Daten höher steht als ein betriebliches Interesse.

In der Rechtsprechung wurde eine ständige Speicherung von Standortdaten schon öfters abgelehnt, da sie unverhältnismäßig sei. Auch eine Speicherung von Standortdaten als Diebstahlschutz reicht als Argument nicht aus, da die Standortüberwachung per GPS nach einem Diebstahl eingeschaltet werden könnte. Ebenso wenig reichen Nachweispflichten des Arbeitgebers gegenüber seinen Kunden zur Begründung aus. Da ein umfassendes Bewegungsprofil in Echtzeit einer Totalüberwachung gleichkommt, ist sie ebenfalls verboten.

Eine heimliche Standortüberwachung ist fast immer verboten. Denkbar wäre sie eventuell, um Straftaten aufzudecken (siehe Frage 61).

Erst recht kommt eine Aufzeichnung und Kontrolle privater Fahrten außerhalb der Arbeitszeit nicht in Betracht, wenn private Fahrten mit dem Dienstfahrzeug durch den Arbeitgeber erlaubt sind.

Eine ständige Standortkontrolle per Ortung und GPS-Tracking ist selbst bei Außendienstmitarbeiter und Lkw-Fahrern nicht notwendig, da der Standort per Handyanruf ermittelt werden kann.

Erfolgt eine Standortbestimmung per GPS, so muss sie für die betroffene Person klar erkennbar sein.

61. Wann ist eine GPS-Ortung von Firmenfahrzeugen zulässig?

Es gelten grundsätzlich die Regeln, die auch bei Dienstwagen anzuwenden sind. Anders sieht es bei Geldtransportern aus, da hier die Sicherheitsaspekte eindeutig im Vordergrund stehen. Neben dem Geld geht es hier auch um die Sicherheit der Beschäftigten. Eine Dauerkontrolle per GPS ist dann erlaubt.

Bei jeder GPS-Überwachung muss technisch und organisatorisch sichergestellt sein, dass die Daten nur für den Zweck der Sicherheit genutzt werden. Ist der Zweck erfüllt, müssen diese Daten gleich gelöscht werden.

GPS darf nicht zur Leistungs- und Verhaltenskontrolle genutzt werden. Eine solche umfassende Kontrolle lässt sich auch nicht durch eine Einwilligung durch Beschäftigte rechtfertigen. Denkbar ist aber eine Nutzung zur Aufdeckung von Straftaten. Aber wie bei anderen Fällen, bei denen es um die Aufdeckung von Straftaten geht, muss es einen konkreten und zu dokumentierenden Anfangsverdacht geben.
Viele Firmenflotten werden trotzdem systematisch per GPS überwacht. Dann dürfen diese Daten aber nicht mit den persönlichen Daten von Beschäftigten zusammengeführt und ausgewertet werden. Daher sind Auswertungsfunktionen, die nur der persönlichen Überwachung von Beschäftigten dienen (wie Geschwindigkeitsaufzeichnungen, Dauer von Fahrtunterbrechungen usw.), technisch zu unterbinden. Eine heimliche Überwachung ist verboten. Ist eine Privatnutzung des Fahrzeugs erlaubt, so muss das GPS einfach abzuschalten sein. Während Pausen oder außerhalb der Arbeitszeit ist eine Ortung verboten.
In allen Fällen einer GPS-Überwachung sollten Betriebs- und Personalräte bzw. die Mitarbeitervertretung eine Betriebs- oder Dienstvereinbarung mit dem Arbeitgeber abschließen. Sie sollte dann eine genaue Regelung enthalten, was der Arbeitgeber überwachen darf und was nicht und wie die Daten ausgewertet werden.

62. Welche Datenschutzpflichten bestehen bei Homeoffice-Regelungen?

Zuerst einmal muss unterschieden werden zwischen Homeoffice und mobiler Arbeit. Sie werden häufig synonym benutzt, was aber nicht sinnvoll ist, da sie unterschiedliche Konsequenzen für Arbeitgeber und Beschäftigte haben.
Im Homeoffice wird, zumindest ein Teil der Arbeit, zu Hause erbracht. Der Arbeitgeber muss dann dafür sorgen, dass dieser Arbeitsplatz den gesetzlichen Anforderungen genügt, und muss auch die Ausstattung des Arbeitsplatzes bezahlen.
Bei mobiler Arbeit kann die Arbeit zu Hause, aber auch auf Reisen oder im Café erledigt werden. Der Arbeitgeber muss dann die Ausstattung des Arbeitsplatzes nicht bezahlen. Sinnvollerweise wird vom Arbeitgeber zumeist ein Laptop zur Verfügung gestellt.

Egal ob Homeoffice oder mobile Arbeit. Die datenschutzrechtlichen Anforderungen muss zuerst einmal der Arbeitgeber erfüllen. Er muss dafür sorgen, dass es eine VPN-Verbindung in den Betrieb oder die Behörde gibt, dass die notwendigen Updates aufgespielt werden und die Beschäftigten regelmäßig eine entsprechende Datenschutzschulung erhalten.
Beschäftigte müssen darauf achten, dass selbst Familienmitglieder oder Freunde die Firmendaten nicht lesen können. Sie sind verpflichtet die vom Arbeitgeber zur Verfügung gestellte VPN zu nutzen und das Arbeitgeber-Laptop bei Nichtnutzung in einem verschlossenen Schrank oder Arbeitszimmer abzulegen. Die Rechte und Pflichten im Homeoffice oder bei der mobilen Arbeit sollten in einem Vertrag und / oder in einer Betriebs- und Dienstvereinbarung genau geregelt sein.

63. Dürfen Arbeitgeber Messenger- und Chatverläufe einsehen und kontrollieren?

Verbietet ein Arbeitgeber private Chats in dienstlichen Messenger oder Chats, so darf er die Einhaltung dieses Verbotes auch kontrollieren. Aber nicht ständig. Eine Totalkontrolle ist verboten.
Grundsätzlich gilt, dass dem Arbeitgeber schwere, belegbare Verdachtsmomente gegen dienstliche Vorgaben oder andere Arbeitsregeln vorliegen müssen, damit er sich gezielt Messenger- und Chatverläufe von einzelnen Beschäftigten ansehen darf. Ebenso verhält es sich bei einem Anfangsverdacht einer kriminellen Handlung.
Ansonsten sind nur Stichproben in allen Messenger- und Chatverläufen erlaubt.
Es stellt sich die Frage, ob der Schutz der Privatsphäre oder das »berechtigte« Interesse des Arbeitgebers auf Einsicht das schützenswerte Recht ist und welches Recht nun angewandt wird.

Praxisbeispiel:
In einem Verfahren vor dem Bundesarbeitsgericht (BAG) ging es um die Geheimhaltung von persönlichen Chats unter Arbeitskollegen. Sie wurden während der Arbeitszeit und über offizielle Kommunikationswege geführt. Das BAG-Urteil stellte fest, dass der Arbeitgeber den Chat einsehen darf, wenn er ein gewichtiges Anliegen hat. In diesem Fall ging es um die Aufdeckung möglicher Verstöße eines Arbeitnehmers gegen arbeitsrechtliche Pflichten. Des Weiteren stellte das BAG fest,

> dass unter Umständen private Chats zwischen Kollegen, die über dienstliche Kommunikationskanäle geführt werden, als Beweismittel dienen können. Und zwar dann, wenn der Chat einen konkreten Bezug zur dienstlichen Tätigkeit aufweist. Ansonsten gilt auch für dienstliche Chats, dass sie nur dann als Beweismittel genutzt werden dürfen, wenn sie tatsächliche, belegbare Anhaltspunkte für mögliche Pflichtverletzungen enthalten.

Vor der ersten Kontrolle müssen Arbeitgeber ihren Beschäftigten mitteilen, welche Möglichkeiten der Kontrolle sie haben und nutzen werden. Wichtig sind vorher schriftlich festgelegte Regeln, was in Messenger oder Chats erlaubt ist. Auch hier ist eine Betriebs- oder Dienstvereinbarung mit dem Betriebs- oder Personalrat bzw. der Mitarbeitervertretung sinnvoll, die diesen Bereich kleinteilig regelt.

64. Dürfen Arbeitgeber private E-Mails am Arbeitsplatz kontrollieren?

Wenn die Nutzung von privaten Mails am Arbeitsplatz vom Arbeitgeber erlaubt oder nicht ausdrücklich verboten wurde, hat er nicht das Recht diese Nutzung zu kontrollieren. Er darf dann die Mails nicht lesen.
Anders sieht es aus, wenn die private Nutzung verboten ist. Dann darf er stichprobenartig prüfen, ob das Verbot eingehalten wird. Nicht kontrollieren darf der Arbeitgeber berufsbezogene Aufzeichnungen, die nicht für Vorgesetzte oder Kollegen gedacht sind, wie ein Mobbing-Tagebuch oder Mails an Betriebsräte, Betriebsärzte, Anwälte oder Schwerbehindertenvertretungen. Persönliche Mails an andere Beschäftigte, die nicht unmittelbar im Zusammenhang mit beruflichen Aufgaben stehen, darf er ebenfalls nicht lesen. Nur bei besonders schwerwiegenden und belegbaren dienstlichen Verstößen oder zur Aufdeckung von Straftaten kann das Lesen von privaten Mails durch den Arbeitgeber erlaubt sein.

65. Wie ist der Einsatz von Keyloggern und Überwachungssoftware geregelt?

Als Keylogger bezeichnet man eine Überwachungssoftware, die jeden Tastaturanschlag protokolliert und eventuell auch regelmäßig Bildschirmfotos macht. Ihr Einsatz ist grundsätzlich verboten, da es ansonsten schnell zu einer Totalkontrolle von Beschäftigten führt. Ob ein Keylogger eingesetzt werden darf, wenn es um die konkrete Aufdeckung von Straftaten geht, ist zurzeit juristisch nicht geklärt. Wie es momentan aussieht, dürfte ihr Einsatz verboten sein.

Hält sich ein Arbeitgeber nicht an diese Vorgaben, muss er mindestens mit einer hohen Geldstrafe rechnen.

66. Welche Rolle spielen der Betriebs- und Personalrat bzw. die Mitarbeitervertretungen beim Beschäftigtendatenschutz?

Der Betriebs- oder Personalrat bzw. die Mitarbeitervertretung sind laut den Mitbestimmungsrechten dazu verpflichtet, die Einhaltung von Gesetzen und Verordnungen zum Schutz von Beschäftigten zu kontrollieren. Dazu gehört natürlich auch der Beschäftigtendatenschutz.

Über ihre Mitwirkungs- oder Mitbestimmungsrechte können sie sowohl bei neuer wie auch älterer Software, Geräten oder Maschinen und deren Auswertungen, soweit sie Beschäftigte betreffen, aktiv werden.

Gesetzliche Interessenvertretungen können zum Beschäftigtendatenschutz Dienst- oder Betriebsvereinbarungen mit dem Arbeitgeber abschließen. Diese Vereinbarungen dürfen auch über die gesetzlichen Datenschutzanforderungen hinausgehen. Sie können zudem die Regelungen für Beschäftigte so präzise beschreiben, dass alle Beschäftigten genau wissen, was von ihnen erwartet wird und wie sie bei Datenschutz handeln müssen.

Mitbestimmungsgremien sind neben den betrieblichen oder behördlichen Datenschutzbeauftragten ein weiteres Instrument, um den Datenschutz in Betrieben und Verwaltungen durchzusetzen.

Natürlich müssen auch Betriebs- oder Personalräte oder Mitarbeitervertretungen selbst den Datenschutz einhalten. Dazu benötigen sie ein eigenes Datenschutzkonzept und müssen die Einhaltung dieses Konzeptes in die Praxis umsetzen und kontrollieren. Das Datenschutzkonzept eines Gremiums muss den Datenschutzgesetzen und der Rechtsprechung zum Datenschutz entsprechen. Bei Fragen zum Beschäftigtendatenschutz sind Betriebs- und Personalräte bzw. Mitarbeitervertretungen wichtige Ansprechpartner, die oftmals weiterhelfen können (siehe auch Frage 24).

D. Überwachung und Kontrolle

In den USA werden über 80 Prozent der Beschäftigten durch ihre Arbeitgeber überwacht. So weit sind wir in Deutschland noch nicht, auch wenn sich das viele Arbeitgeber wünschen. Da aber elektronische Eingangskontrollen, Videokameras oder Maschinen- und Computerdaten viele Möglichkeiten der Überwachung und Kontrolle ermöglichen, ist es besonders wichtig, dass diese Daten nicht zusammengeführt werden.
Genau das fordert die DSGVO. Sie müssen so gespeichert werden, dass sie nicht zusammengeführt werden können!
Ohne eine rechtliche Grundlage ist das Zusammenführen von personenbezogenen Daten immer verboten.
Eine gesetzliche Grundlage kann eine Einwilligung der Beschäftigten oder eine gesetzliche Regelung sein.
Wenn die betrieblichen Interessen des Arbeitgebers höher zu bewerten sind als die Schutzinteressen der Beschäftigten, ist eine Videoüberwachung eventuell erlaubt. Das ist aber nur denkbar, wenn es keine milderen Mittel gibt, mit denen der Arbeitgeber seine betrieblichen Interessen erreichen kann.

67. Unter welchen Voraussetzungen dürfen Arbeitgeber Überwachungskameras einsetzen?

Eine Videoüberwachung ist ein starker Eingriff in die Rechte eines Beschäftigten. Im Extremfall lassen sich so das Verhalten, die Bewegungen und Stimmungen von Beschäftigen genau feststellen.

Eine Videoüberwachung in öffentlich zugänglichen Räumen (Ladenpassagen, Kaufhäuser, Banken ...) ist erlaubt, wenn Diebstähle oder andere strafbare Handlungen verhindert werden sollen.
Es muss dann im Eingangsbereich per Informationstafel mit einem Piktogramm (das symbolische Abbild einer Kamera) und durch Benennung des Verantwortlichen auf die Videoüberwachung hingewiesen werden.
Um Diebstähle durch Kunden zu verhindern bzw. aufzudecken, dürfen, soweit möglich, die regelmäßigen Arbeitsorte von Beschäftigten, nicht mit überwacht werden. Dies sauber durchzusetzen, wird wohl nur mithilfe von Betriebs- und Personalräten bzw. Mitarbeitervertretungen möglich sein.
Darüber hinaus müssen Beschäftigte, die Möglichkeit haben, sich in den Pausen in einen nicht überwachten Raum zurückzuziehen.
Im nichtöffentlichen Raum (bspw. ein Büro oder eine Werkhalle) darf unter Umständen eine Videoüberwachung stattfinden. Denkbar ist sie in besonderen Gefahrenbereichen einer Werkhalle oder zur Aufdeckung von Straftaten. Bei Straftaten aber nur dann, wenn es belastbare und zu dokumentierende Anhaltspunkte für eine Straftat gibt. Zudem muss geprüft werden, ob es keine milderen Mittel gibt, um das Ziel zu erreichen, bspw. durch Wachpersonal.
Grundsätzlich muss geklärt werden, wie lange die Aufnahmen aufbewahrt werden. Es gilt die Regel, dass sie nur so lange aufbewahrt werden, wie es unbedingt notwendig ist. Also bis zu dem Zeitpunkt, an dem das Ziel der Überwachung erreicht ist.

68. Müssen der Betriebs- und Personalrat bei einer Videoüberwachung beteiligt werden?

Ja. Betriebs- und Personalräte bzw. Mitarbeitervertretungen haben bei Fragen der Ordnung im Betrieb mitzubestimmen. Zudem haben die gewählten Interessenvertretungen der Beschäftigten grundsätzlich ein Mitbestimmungsrecht bei technischen Einrichtungen, die das Verhalten und die Leistung der Arbeitnehmer überwachen können. Dazu gehört auch eine Videoüberwachung.
Auch hier sollten Betriebs- und Personalräte bzw. Mitarbeitervertretungen eine Betriebs- oder Dienstvereinbarung mit dem Arbeitgeber zur Video-

überwachung abschließen. Diese Vereinbarungen sollten sehr konkret die Überwachung und die Auswertung regeln.

69. Welche Voraussetzungen gelten für eine verdeckte Überwachung von Beschäftigten?

Eine verdeckte Überwachung von Beschäftigten ist grundsätzlich verboten. Die Ausnahme: wenn es zu dokumentierende tatsächliche Anhaltspunkte für den Verdacht einer strafbaren Handlung oder eines anderen schweren Verstoßes gibt, der zulasten des Arbeitgebers geht. Hier gilt auch wieder, dass vorher mildere Mittel ergebnislos eingesetzt wurden. Zudem darf eine Videoüberwachung nicht unverhältnismäßig sein. Das heißt, sie muss das einzig übrig gebliebene Mittel sein, um die Straftat oder den schweren Verstoß aufdecken zu können.

70. Inwieweit dürfen Arbeitsplätze elektronisch überwacht werden?

Grundsätzlich ist eine Totalüberwachung von Arbeitsplätzen nicht erlaubt. Damit eine Überwachung überhaupt stattfinden darf, muss der Arbeitgeber ein »berechtigtes Interesse« haben. Über das »berechtigte Interesse« streiten gesetzliche Interessenvertretungen und Arbeitgeber immer wieder, da nicht alle Fälle, für die der Arbeitgeber ein »berechtigtes Interesse« beansprucht, von den Betriebs- oder Personalräten bzw. Mitarbeitervertretungen geteilt werden. Solche Fälle landen dann häufig vor Gericht.
Der Arbeitgeber braucht für eine elektronische Überwachung eine rechtliche Grundlage. Diese ist immer geben, wenn Beschäftigte der Überwachung freiwillig schriftlich zustimmen und sie genau darüber informiert werden, was überwacht wird und wie eine Überwachung stattfindet.
Betriebs- und Personalräte bzw. Mitarbeitervertretungen werden genau prüfen, ob eine Überwachung notwendig ist und ob dem Arbeitgeber keine milderen Mittel zur Verfügung stehen, um sein Ziel zu erreichen.

71. Welche Regelungen gelten für die Internetnutzung am Arbeitsplatz?

Bei einer Internetnutzung am Arbeitsplatz ist entscheidend, ob der Arbeitgeber sie erlaubt hat oder duldet.
Hat er sie verboten, so darf keine private Nutzung erfolgen. Kleine Ausnahmen sind aber trotzdem erlaubt, bspw. in das Internet zu schauen, ob sich der Zug für die Heimreise von der Arbeit verspätet.
Was ist aber eine rein berufliche Nutzung? Wird für eine Dienstreise ein Hotel benötigt und Beschäftigte müssen sich selbst um die Buchung kümmern, so ist das selbstverständlich eine dienstliche Nutzung. Schaut die Person dann noch nach einem Urlaubshotel in Italien, so ist das höchstwahrscheinlich eine private Nutzung.
Welche Art der Nutzung es ist, könnte nur durch eine Totalkontrolle der Internetnutzung herausgefunden werden. Eine Totalkontrolle ist aber verboten.
Erlaubt ist hingegen, auch ohne konkreten Anlass, eine stichprobenartige Kontrolle der Verlaufsdaten eines Internetbrowsers, um zu prüfen, ob das Verbot oder die Beschränkung einer privaten Nutzung des Internets eingehalten wird.

72. Welche Einschränkungen gelten für die Überwachung von Telefongesprächen?

Weder private noch dienstliche Telefongespräche dürfen abgehört werden. Es gibt allerdings Ausnahmen, wenn das Mithören einen konkreten Zweck hat und verhältnismäßig ist. Diese Ausnahmen kennt man aus Callcentern, wenn vor dem Gespräch darum gebeten wird zuzustimmen, dass das Gespräch für Schulungszwecke oder zur Qualitätssicherung mitgeschnitten werden darf. Damit hat ein Arbeitgeber ein »berechtigtes Interesse« und einen konkreten Zweck, um die Daten zu erheben. Damit erfüllt er wichtige Voraussetzungen beim Datenschutz.
Solche Mitschnitte sind trotzdem nur mit Zustimmung der am Gespräch beteiligten Personen erlaubt. Sowohl die Beschäftigten wie auch die Kunden müssen der Aufzeichnung zustimmen.

Von den Beschäftigten benötigt der Arbeitgeber eine schriftliche Einwilligung. Liegt keine schriftliche Zustimmung vor, so ist das Mithören immer illegal, da es gegen das Fernmeldegeheimnis verstößt.
Eine schriftliche Zustimmung bedeutet aber nicht, dass Arbeitgeber alle Telefonate und zeitlich unbeschränkt mithören dürfen.
Das Abhören privater Telefongespräche ist immer verboten. Der Arbeitgeber hat auch kein Recht darauf zu erfahren über was gesprochen wurde, wer angerufen hat oder wie die Telefonnummer lautet.

73. Was gilt für die Verwendung von Fingerabdruck-Scannern?

Ein Fingerabdruck-Scanner gehört zu den sogenannten biometrischen Verfahren. Andere biometrische Verfahren sind die Identifizierung einer Person über die Augen-Iris oder über die Stimme.
Biometrische Verfahren nutzen individuelle Merkmale eines Menschen, um festzustellen, ob es wirklich die Person ist, für die sie sich ausgibt.
Die DSGVO verbietet nicht die Nutzung von biometrischen Verfahren. Ein Arbeitgeber kann sie einsetzen. Er muss aber sehr genau darauf achten, ob es nicht mildere Mittel gibt, um sein Ziel zu erreichen. Er darf nur im Rahmen des Erforderlichen Daten speichern, dazu gehören nicht die Fingerabdrücke der Beschäftigten, um bei Straftaten besser ermitteln zu können.
Grundsätzlich ist die Speicherdauer wichtig, da mithilfe biometrischer Daten eine Person nach Jahrzehnten identifiziert werden kann.
Grundlage einer Entscheidung zum Einsatz eines Fingerabdruck-Scanners muss sein, dass die Interessen der Beschäftigten ausreichend geschützt sind und es keine milderen Mittel gibt, damit der Arbeitgeber sein Ziel erreichen kann.
Falls ein Fingerabdruck-Scanner oder ein anderes biometrisches Verfahren eingesetzt werden, ist eine Betriebs- oder Dienstvereinbarung durch den Betriebs- oder Personalrat bzw. einer Mitarbeitervertretung zu empfehlen.
Damit lässt sich dieser Bereich sauber regeln.
In einer Vereinbarung kann festgelegt werden, dass die persönlichen Daten – hier der Fingerabdruck – nur für den festgelegten Zweck genutzt

werden darf, beispielsweise als Einlasskontrolle. Es muss also eine Verknüpfung mit anderen Dateien ausgeschlossen sein.
Umso sicherheitsrelevanter ein Bereich ist, desto wahrscheinlicher, und vielleicht auch notwendiger, ist ein biometrisches Verfahren. Eine Einlasskontrolle in die Produktionshalle benötigt nicht unbedingt ein biometrisches Verfahren, da dort eine Ausweiskontrolle ausreicht. Der Zutritt zur Entwicklungsabteilung, die vielleicht für die Zukunft einer Firma entscheidend ist, erfüllt schon eher die Voraussetzungen für eine biometrische Kontrolle eintretender Personen.

74. Was gilt bei einer Zugangskontrolle mit Gesichtserkennung?

Da die Gesichtserkennung zu den sogenannten biometrischen Verfahren gehört, darf sie grundsätzlich als Zugangskontrolle eingesetzt werden. Die oben beschriebenen Einschränkungen beim Einsatz von Fingerabdruck-Scannern gelten auch für die Gesichtserkennung. Hier ist es noch wichtiger, den Datenschutz sehr streng auszulegen. Hintergrund ist, dass über den Gesichtsausdruck der körperliche Zustand und die psychische Verfassung einer Person abzuleiten sind. Damit sind es dann Gesundheitsdaten, die nach der DSGVO besonders zu schützen sind und nur unter sehr engen Voraussetzungen überhaupt erfasst und ausgewertet werden dürfen. Diese Voraussetzungen dürften nur in den wenigsten Betrieben und Verwaltungen vorliegen.

75. Dürfen Arbeitgeber Zugangskarten oder Chipkarten zur Anwesenheitskontrolle einsetzen?

Eine Anwesenheitskontrolle im Betrieb per Zugangs- oder Chipkarten ist erlaubt. Die Beschäftigten müssen aber genau darüber informiert werden, welche Daten erfasst werden und was mit diesen Daten gemacht wird. Auch hier gilt, dass die Daten nur zum vorher festgelegten Zweck (Anwesenheitskontrolle) vom Arbeitgeber genutzt werden dürfen und eine Verknüpfung mit anderen Daten ausgeschlossen ist.

76. Dürfen Arbeitgeber heimlich auf Dienst-Laptops oder PCs zugreifen?

Eine heimliche Überwachung durch den Zugriff auf Dienst-Laptops oder PCs ist grundsätzlich verboten. Das würde einer verbotenen Totalkontrolle gleichkommen. Eine Überwachung kann nur dann erlaubt sein, wenn belastbare und zu dokumentierende Anhaltspunkte für eine Straftat oder schwere Pflichtverletzungen vorliegen.

77. Inwieweit ist die Kontrolle der Nutzung von sozialen Netzwerken zulässig?

Der rein private Bereich eines Beschäftigten, hier die Nutzung von sozialen Netzwerken, darf der Arbeitgeber nicht kontrollieren.
Erfährt dieser zufällig von einer Äußerung in einem sozialen Netzwerk, die einen Bezug zur Arbeit habt und in der Arbeit zu Störungen führt, kann das Arbeitsrecht greifen. Das ist eventuell dann der Fall, wenn es einen konkreten Arbeitgeberbezug gibt *und* eine pflichtwidrige Äußerung gemacht wird.
Eine pflichtwidrige Äußerung könnte u. a. eine Beleidigung oder Lüge sein, die zu einer Rufschädigung des Arbeitgebers führt. Eine sachliche Kritik ist erlaubt, soweit es keine Betriebs- und Geschäftsgeheimnisse betrifft.
Kommt es zu einer gerichtlichen Auseinandersetzung, so wird dort jeder Einzelfall geprüft. Insbesondere die Frage, ob beide oben genannten Aspekte vorliegen. Nur wenn gleichzeitig ein konkreter Arbeitgeberbezug *und* eine pflichtwidrige Äußerung vorliegen, kann es überhaupt arbeitsrechtliche Folgen haben.
Dabei ist zu beachten, dass im öffentlichen Dienst und in Tendenzbetrieben (u. a. Gewerkschaften, Kirchen, Arbeitgeberverbände oder Zeitungen) mehr Mäßigung und Zurückhaltung der Beschäftigten auch von den Gerichten erwartet wird. Wie weit diese Mäßigung und Zurückhaltung geht, kann vor Ort unterschiedlich ausgelegt sein. Erst eine richterliche Entscheidung dürfte da Klarheit bringen.
Ist die Internetnutzung in Betrieb oder Verwaltung grundsätzlich erlaubt, so darf grundsätzlich eine Kontrolle der Nutzung von sozialen Netzwerken nicht stattfinden.

Wenn es ein betriebliches soziales Netzwerk gibt, so ist davon auszugehen, dass auch der Arbeitgeber die Äußerungen liest. Beschäftigte sollten gut überlegen, was sie in einem solchen Netzwerk schreiben.
Fordert ein Arbeitgeber Beschäftigte dazu auf, in bestimmten sozialen Netzwerken aktiv für die Firma zu werben, so sind Arbeitnehmende nicht dazu verpflichtet, dies zu tun. Sollte der Arbeitgeber in diesem Bereich Druck machen, so lohnt es sich mit dem Betriebs- oder Personalrat bzw. der Mitarbeitervertretung darüber zu sprechen. Darauf kann das Mitbestimmungsgremium reagieren und – ohne Namensnennung – mit dem Arbeitgeber darüber sprechen und ihn dazu zu bringen den Druck zu unterlassen.

78. Dürfen Beschäftigte seitens des Arbeitgebers verpflichtet werden, ihren Bildschirm zu teilen?

Möchte der Arbeitgeber während einer Videokonferenz, dass der eigene Bildschirm mit den Bildschirmen der anderen Teilnehmenden an der Videokonferenz geteilt wird, also für sie sichtbar ist, so ist der Anspruch gerechtfertigt, wenn beispielsweise Arbeitsergebnisse präsentiert werden sollen. Dann hat es einen klaren, nachvollziehbaren und berechtigten Zweck. Soll das Teilen zur Kontrolle von Beschäftigten dienen, so darf der Arbeitgeber dies nicht verlangen.
Diese Regeln gelten im betrieblichen Zusammenhang auch außerhalb von Videokonferenzen.

79. Was gilt für die Überwachung im Homeoffice?

Für den Arbeitgeber bedeutet Homeoffice ein Kontrollverlust. Trotzdem gelten die gleichen datenschutzrechtlichen Bestimmungen, als wenn Beschäftigte vor Ort im Betrieb arbeiten.
Eine Kontrolle ist nur dann erlaubt, wenn es konkrete und belastbare Anhaltspunkte für eine Straftat oder eine schwere Pflichtverletzung gibt. Dem Arbeitgeber muss klar sein, dass die Arbeit im Homeoffice zu einem erheblichen Grad auf Vertrauen aufbaut.

Verschlechtert sich die Arbeitsleistung im Homeoffice, so ist das noch kein gewichtiger Anhaltspunkt für eine schwere Pflichtverletzung, die eine Kontrolle rechtfertigt. Der Arbeitgeber kann aber die betroffene Person in den Betrieb zurückholen.
Eine Überwachung im Homeoffice ist denkbar, wenn es belastbare und zu dokumentierende Anhaltspunkte für eine Straftat gibt.

80. Kann Künstliche Intelligenz im Arbeitsverhältnis überhaupt den Datenschutz einhalten?

Ja, das muss sie. Künstliche Intelligenz (KI) handelt nicht unabhängig von Menschen. Sie wird mit von Menschen erstellten Daten gefüttert, und was sie daraus macht, ist programmiert.
In Betrieben und Verwaltungen darf nur eine solche KI eingesetzt werden, die den Datenschutz einhält.
In der Praxis wird KI bei Entscheidungen in der Personalabteilung, der Organisation und der Durchführung der Arbeit eingesetzt.
In der sogenannten KI-Verordnung sind die Minimalanforderungen an KI-Software geregelt. Es muss vor der Inbetriebnahme genau geprüft werden, was sie macht und welche Gefährdungen für die personenbezogenen Daten von Beschäftigten von ihr ausgehen. Betriebs- und Personalräte bzw. Mitarbeitervertretungen haben bei Künstlicher Intelligenz Mitbestimmungsrechte und können zu dem Thema Betriebs- oder Dienstvereinbarungen abschließen.
Bei KI gilt: Gibt es bessere Regelungen in staatlichen Vorgaben oder durch Kollektivverträge (Tarifvertrag, Betriebs- oder Dienstvereinbarungen) für die Beschäftigten, so gelten diese besseren Absprachen. Alle Regelungen dürfen aber nicht den Datenschutz nach den Datenschutzgesetzen verschlechtern.

81. Dürfen Arbeitgeber Mitarbeitende beim Einsatz von KI-Tools überwachen?

Auch bei Tools mit Künstlicher Intelligenz (KI) gilt, wie überall im Datenschutz, die sogenannte Erforderlichkeit und die Zweckbindung.
Ist eine Überwachung beim Einsatz von KI-Tools notwendig, um die Arbeitsleistung zu erbringen? Dahinter stecken die Fragen für welchen Zweck benötigt der Arbeitgeber diese Daten über Beschäftigte und kann er sie auch durch mildere Mittel erhalten?
Vom Datenschutz stellt sich die Frage, ob eine Überwachung in diesem Fall überhaupt notwendig ist.
Falls ja, dürfen die erhobenen Daten nicht mit anderen personenbezogenen Daten von Beschäftigten verknüpft werden.
Diese genannten Punkte dürften normalerweise eine Überwachung der Beschäftigten beim Einsatz eines KI-Tools nicht erlauben.
Gibt es nicht abweisbare Gründe für eine Überwachung von Beschäftigten beim Einsatz von KI-Tools, so müssen die Beschäftigten vor dem Einsatz über die Art, den Umfang und die Dauer der Datenerfassung und den genauen Zweck informiert werden.
Eine Totalüberwachung ist nicht erlaubt. Eine Kontrolle einzelner Beschäftigter ist nur dann denkbar, wenn belastbare und zu dokumentierende Anhaltspunkte für eine Straftat oder schwere Pflichtverletzungen vorliegen.

82. Welche Rechte haben Arbeitnehmer im Falle unzulässiger Überwachung?

Alle Beschäftigten haben das Recht, sich an die betrieblichen oder behördlichen Datenschutzbeauftragten zu wenden. Diese müssen dann dem Vorwurf einer unzulässigen Überwachung nachgehen.
Erste Anlaufstelle sollte aber immer der Betriebs- oder Personalrat bzw. die Mitarbeitervertretung sein, da sie für die Kontrolle der Einhaltung bestehender Gesetze und Verordnungen in Betrieb und Verwaltung zuständig sind. Nur wenn die gesetzliche Interessenvertretung der Beschäftigten von dem Vorwurf erfährt, kann sie ihn in Gesprächen mit dem Arbeitgeber oder den Datenschutzbeauftragten thematisieren.

Reicht das alles nicht aus, haben alle betroffenen Beschäftigten das Recht sich direkt an den / die Landes- oder Bundesbeauftragten für den Datenschutz zu wenden. Für Firmen sind die Landesbeauftragten und für Verwaltungen die Bundesbeauftragte für den Datenschutz zuständig. Sie werden dann dem Vorwurf nachgehen und dafür sorgen, dass die unzulässige Überwachung eingestellt wird.
Betroffene können bei einer unzulässigen Überwachung auch direkt gegen den Arbeitgeber klagen. Einfacher und schneller umsetzbar sind die zuvor genannten Wege.

83. Welche Konsequenzen drohen Arbeitgebern bei unrechtmäßiger Überwachung?

Die Datenschutz-Aufsichtsbehörden können die Meldung einer unrechtmäßigen Überwachung zum Anlass nehmen, den Betrieb oder die Behörde zu kontrollieren. Grundsätzlich können Datenschutz-Aufsichtsbehörden immer anlasslos kontrollieren. Ihre Motivation sich den Arbeitgeber genauer anzusehen, dürfte durch die Meldung eines Datenschutzverstoßes höher sein.
Die Aufsichtsbehörde wird auf jeden Fall dem Verantwortlichen bzw. dem betrieblichen oder behördlichen Datenschutzbeauftragten einige konkrete Fragen stellen und sich Unterlagen zusenden lassen.
Erfüllt die Antwort nicht die Datenschutzanforderungen, so wird die Aufsichtsbehörde Anweisungen geben, wie die Firma oder Behörde zu handeln hat.
Auf dieser Grundlage wird die Aufsichtsbehörde dann über eine Strafe entscheiden. Die Strafe kann, je nach Vorfall und der Anzahl der Betroffenen, sehr hoch sein und einige Tausend oder Zehntausende Euro betragen. Das betrifft dann nur Firmen. Behörden können keine Geldstrafen von einer Aufsichtsbehörde bekommen.
Erfolgte die unrechtmäßige Überwachung von Beschäftigten entgegen den Anweisungen des Arbeitgebers, also als Eigeninitiative von anderen Beschäftigten, so müssen diese mit einer individuellen Geldstrafe durch die Aufsichtsbehörde und arbeitsrechtlichen Folgen durch den Arbeitgeber rechnen.

84. Was sind die Voraussetzungen für eine rechtmäßige Überwachung durch Detektive?

Im Regelfall ist die Überwachung durch Detektive verboten.
Sie kann erlaubt sein, wenn es um Straftaten mit einem erheblichen Umfang und / oder andere schwere Pflichtverletzungen geht und es zudem keine milderen Mittel gibt, um den Sachverhalt zu klären. Dazu müssen aber belastbare und zu dokumentierende Anhaltspunkte für eine Straftat oder eine andere schwere Pflichtverletzung vorliegen.
Wenn es um die Prüfung geht, ob Beschäftigte wirklich krank sind und dies durch den Einsatz eines Detektivs geprüft werden soll, werden die Einzelfälle in der Rechtsprechung des Bundesarbeitsgerichtes sehr unterschiedlich bewertet. Was bei einer gerichtlichen Prüfung des Einsatzes von Detektiven herauskommt, ist vom Einzelfall abhängig.
Betriebsräte und Personalvertretungen haben Mitbestimmungsrechte bei einem Einsatz von Detektiven, wenn es um die Überprüfung der Einhaltung ihrer Arbeitspflicht geht.

85. Wie können der Betriebs- und Personalrat die Kontrolle von Überwachungsmaßnahmen ausüben?

Eine gesetzliche Interessenvertretung kann mit dem Arbeitgeber eine Betriebs- oder Dienstvereinbarung über den Einsatz von Überwachungsmaßnahmen abschließen. In einer solcher Vereinbarung kann genau geklärt werden, wann was verboten oder erlaubt ist. Kommt es zu keiner Einigung in einem konkreten Fall, so kann zur Klärung der Fragen eine Einigungsstelle angerufen werden.

E. Datenschutz bei Beendigung des Arbeitsverhältnisses

Nach dem Ende eines Arbeitsverhältnisses haben Beschäftigte ein Recht darauf, dass ihre personenbezogenen Daten gelöscht werden. Gleichwohl ist das Ende eines Arbeitsverhältnisses nicht das Ende personenbezogener Daten von Beschäftigten beim Arbeitgeber.
Dieser darf aber nicht beliebig lange personenbezogene Daten von ehemals Beschäftigten aufbewahren und nutzen. Wie immer beim Datenschutz geht es um die Fragen, auf welcher gesetzlichen Grundlage er die Daten überhaupt noch speichert, und zu welchem Zweck.

86. Welche Daten müssen nach Beendigung des Arbeitsverhältnisses gelöscht werden?

Im eigenen Interesse sollten Arbeitgeber nach der Beendigung eines Arbeitsverhältnisses Zugangsdaten und Passwörter löschen. Das betrifft die Zutrittsdaten zum Arbeitsgebäude, aber auch zu internen sozialen Netzwerken, Onlineverbindungen zu Clouds, Microsoft 365 oder den internen Zugang ins Firmen- oder Behördennetz.
Gelöscht werden müssen Fotos vom ehemals Beschäftigten von der Firmenwebsite oder im Intranet. Ebenso ist es mit Videos, namentliche Nennungen in Profilbeschreibungen und Blogbeiträgen und auf der Firmenwebsite.
Es besteht auch kein legitimer Grund mehr persönliche Daten aus Meetings, Mitarbeitergesprächen oder Gehaltsverhandlungen aufzubewahren. Daher müssen solche Daten umgehend gelöscht werden.
Natürlich müssen auch die persönlichen Telefonnummern aus Notfall- oder Bereitschaftslisten gelöscht werden.

Nicht alle personenbezogenen Daten, die zu löschen sind, haben alle Arbeitgeber und Vorgesetzten im Blick. Daher ist es sinnvoll, den betrieblichen oder behördlichen Datenschutzbeauftragten und die gesetzliche Interessenvertretung darauf hinzuweisen.

87. Welche Aufbewahrungsfristen gelten für Personalakten?

Das Datenschutzrecht fordert, dass personenbezogene Daten gelöscht werden, wenn der Zweck, für die sie erhoben wurden, erreicht ist. Allerdings immer mit der Einschränkung, dass es keine gesetzlichen Vorgaben gibt, die eine längere Aufbewahrung notwendig machen.
Das können bspw. arbeitsrechtliche Ansprüche sein. Unterlagen die dafür wichtig sind, muss der Arbeitgeber drei Jahre aufbewahren. Darüber hinaus gibt es spezielle Aufbewahrungsfristen, die sich aus dem Arbeitsrecht, Sozialversicherungsrecht und dem Steuerrecht ergeben. Die Aufbewahrungsdauer kann dann zwei bis zehn Jahre, im Extremfall bis zu 30 Jahre betragen. Bei den Aufbewahrungsfristen sind viele Gesetze zu beachten. Daher muss sich immer die genaue Fragestellung angeschaut werden.

Praxisbeispiele:
Lohnbelege, Lohnnachweise über die Arbeitsstunden und geleistete Entgeltunterlagen müssen acht Jahre aufbewahrt werden.
Überstundenlisten müssen nach zehn Jahre vernichtet werden.
Daten zur betrieblichen Altersvorsorge müssen 30 Jahre aufbewahrt werden.

88. Welche Daten dürfen Arbeitgeber nach der Kündigung noch nutzen?

Nach einer Kündigung darf der Arbeitgeber nur noch solche personenbezogenen Daten nutzen, die für den ordnungsgemäßen Ablauf des Ausscheidens des Beschäftigten notwendig sind. Des Weiteren darf der Arbeitgeber personenbezogene Daten nutzen, um einer laufenden rechtlichen Verpflichtung nachzukommen. Das kann ein Prozess sein, es sind im Normalfall aber Daten, die Steuer- oder Versicherungsfragen betreffen.

Die entscheidende Frage ist, ob der Zweck der Speicherung erfüllt ist und ob es eine gesetzliche Aufbewahrungspflicht für bestimmte personenbezogene Daten gibt. Ist der Zweck der Speicherung noch nicht erfüllt und gibt es eine Aufbewahrungspflicht, darf er die Daten noch nutzen, bis der Zweck und die Aufbewahrungsfrist erreicht ist.

89. Was passiert mit betrieblichen E-Mail-Konten nach dem Ausscheiden?

Beschäftigte, die aus dem Betrieb ausscheiden, sollten ihre privaten Mails an eine private Mailadresse senden und auf dem Firmenkonto löschen.
Sind private Mails über das dienstliche Mailkonto verboten, so kann nicht verhindert werden, dass auch mal private Mails eingehen. Auch bei diesen Mails haben Ausscheidende das Recht, sie an ihre private Mailadresse zu senden. Die dienstlichen Mails können dann an den Nachfolger gesendet und das Mailkonto gelöscht werden.

90. Dürfen Kontaktdaten des ausgeschiedenen Beschäftigten gespeichert bleiben?

Bei Kontaktdaten ist es wie immer im Datenschutz: Wenn der Zweck der Speicherung personenbezogener Daten nicht mehr besteht, dann darf der Arbeitgeber die Kontaktdaten von ausgeschiedenen Beschäftigten nicht mehr speichern.
Möchte der Arbeitgeber ehemalige Beschäftigte zu einem Firmenjubiläum einladen oder ihnen schriftlich zum Geburtstag gratulieren, so benötigt er vorher eine schriftliche Einwilligung der oder des ehemaligen Beschäftigten.

91. Was gilt bei der Rückgabe von Firmenhardware hinsichtlich des Datenschutzes?

In den zurückgegebenen Geräten müssen alle personenbezogenen Daten über die Vorbesitzer gelöscht werden. Dazu gehören auch persönliche Dateien, Anmeldedaten und E-Mails. Sinnvoll ist es, soweit dies möglich ist, die privaten Daten selbst zu löschen. Ansonsten ist dafür die IT in der Firma oder Behörde zuständig.

92. Welche Rolle spielt der Betriebs- und Personalrat bzw. die Mitarbeitervertretung bei Datenschutzfragen nach Ausscheiden eines Beschäftigten?

Solange der Betrieb oder die Behörde personenbezogene Daten von ehemalig Beschäftigten noch gespeichert hat, sind Betriebs- oder Personalrat bzw. die Mitarbeitervertretung weiterhin für die Kontrolle der Einhaltung der Datenschutzgesetze durch den Arbeitgeber zuständig. Sie können daher dem Verantwortlichen (= Arbeitgeber) oder den betrieblichen oder behördlichen Datenschutzbeauftragten auch Datenschutzfragen zu den Daten ehemalig Beschäftigter stellen.

F. Sanktionierung und Haftung bei Datenschutzverstößen

Datenschutzverstöße müssen den Aufsichtsbehörden für den Datenschutz bekannt sein, damit diese tätig werden können. Das kann dadurch geschehen, dass ihnen ein Datenschutzverstoß auffällt oder sie einen Datenschutzverstoß vermuten, indem betroffene Personen oder andere Hinweisgeber es ihnen mitteilen. Denkbar ist es auch, dass Betriebs- oder Personalräte bzw. Mitarbeitervertretungen es ihnen melden, weil der oder die örtliche Datenschutzbeauftragte in Betrieben oder Verwaltungen auf einen Verstoß nicht reagiert.

93. Welche Konsequenzen drohen Arbeitgebern bei Datenschutzverstößen?

Zuerst einmal wird der oder die zuständige Landesdatenschutzbeauftragte oder die Bundesbeauftragte für den Datenschutz den Fall prüfen. Ein typischer Weg ist es, dem Arbeitgeber ein Schreiben zu senden, um konkrete Antworten zum Fall einzufordern. In minderschweren Fällen wird dann die Aufsichtsbehörde dem Arbeitgeber mitteilen, wie er sich zu verhalten hat. In schwereren Fällen kann die Aufsichtsbehörde bei nichtöffentlichen Stellen (Firmen) ein Bußgeld verhängen. Öffentliche Stellen wie Verwaltungen und Behörden können nach dem deutschen Datenschutzrecht kein Bußgeldbescheid bekommen, da dann öffentliche Gelder von einer öffentlichen Stelle zu einer anderen öffentlichen Stelle nur verschoben würden. Die DSGVO erlaubt zwar die Verhängung von Bußgeldern an nichtöffentliche Stellen, überlässt die Entscheidung darüber aber den einzelnen Ländern in der EU. Andere Länder sind diesen Weg gegangen, und belegen auch nichtöffentliche Stellen bei Datenschutzverstößen mit Bußgeldern, Deutschland nicht.

94. Welche Bußgelder drohen bei Verstößen gegen die DSGVO?

Nach der DSGVO müssen die Sanktionen gegen Datenschutzverstöße »in jedem Einzelfall wirksam, verhältnismäßig und abschreckend sein«. Sie können aus Geldbußen von bis zu 10 Millionen Euro oder zwei Prozent des weltweit erzielten Jahresumsatzes bestehen. Verstöße gegen Verarbeitungsgrundsätze, Betroffenenrechte und andere Rechtsvorschriften können mit bis zu 20 Millionen Euro oder bis zu vier Prozent des weltweit erzielten Jahresumsatzes belegt werden.

Es gibt also keine feste Höhe der Strafe.

Der »Europäische Datenschutzausschuss« (EDSA) hat eine klare Richtlinie für die Verhängung und die Höhe von Geldbußen erstellt. Die Strafe wird in fünf Schritten errechnet:

Zuerst einmal gehört dazu die Feststellung der Schwere eines Datenschutzverstoßes, der Umsatz des Unternehmens und strafschärfende und -mildernde Umstände. Der EDSA weist zudem ausdrücklich darauf hin, dass bei den Schritten zu berücksichtigen ist, dass die Berechnung eines Bußgeldes keine bloße mathematische Übung sei. Es müssen immer die Umstände des konkreten Falles zur Berechnung hinzugezogen werden. Wie schon gesagt, soll ein Bußgeld »in jedem Einzelfall wirksam, verhältnismäßig und abschreckend sein«.

Hohe Geldstrafen sind nicht selten, sie führen aber nie dazu, dass Betriebe in ihrer Existenz gefährdet sind.

Keine Geldbuße müssen Verwaltungen und Behörden, also öffentliche Stellen, befürchten, da sie nach dem BDSG keine erhalten. Die Begründung ist, dass dann die Gelder von einer öffentlichen Hand in die andere öffentliche Hand wandern.

95. Wann haften Führungskräfte für Datenschutzverstöße?

Hier muss zwischen den datenschutzrechtlich Verantwortlichen (immer der Chef oder die Chefin einer Firma oder Verwaltung) und anderen Führungskräften unterschieden werden. Datenschutzrechtlich Verantwortliche müssen für Datenschutzverstöße haften.
Alle anderen nur, wenn sie grob fahrlässig oder vorsätzlich beim Datenschutz gehandelt haben. Denkbar ist aber auch eine anteilige Haftung bei einer mittleren Fahrlässigkeit.
In all diesen Fällen kann es auch individuelle Strafen durch eine Aufsichtsbehörde und arbeitsrechtliche Folgen für die Verursacher geben.
Eine Datenschutzvorschrift nicht zu kennen und sie deshalb nicht zu beachten, ist keine Entschuldigung. Der oder die betriebliche oder behördliche Datenschutzbeauftragte muss den Verantwortlichen und die Beschäftigten so unterweisen, dass sie die datenschutzrechtlichen Vorschriften einhalten können.

96. Welche Haftung besteht bei Datenschutzverstößen durch Beschäftigte?

Wenn Beschäftigte sich an die Vorgaben des Arbeitgebers beim Datenschutz halten, besteht bei ihnen keine Haftung. Haben sie Anlass, die Rechtmäßigkeit der Datenverarbeitung, die sie durchführen sollen anzuzweifeln, sollten sie dies dem Arbeitgeber und der oder dem Datenschutzbeauftragten mitteilen. Hilfreich ist es, auch diese Mitteilung an den Betriebs- oder Personalrat bzw. die Mitarbeitervertretung zu machen, damit sie aktiv werden können.
Auch hier gibt es, wie in der Antwort zu Frage 95 beschrieben, die Unterscheidung zwischen einem grob fahrlässigen oder vorsätzlichen Datenschutzverstoß, bzw. zu einem Datenschutzverstoß durch mittlere Fahrlässigkeit. In allen Fällen kann die Aufsichtsbehörde ein Bußgeld gegen Beschäftigte verhängen. Zudem kann eine zivilrechtliche Klage zu einer Strafe führen und es sind arbeitsrechtliche Schritte des Arbeitgebers zu erwarten.

Bei einer Strafe wegen mittlerer Fahrlässigkeit ist es sinnvoll mit Hilfe des gewerkschaftlichen Rechtsschutzes dagegen zu klagen.

97. Wie können Arbeitnehmer Datenschutzverstöße melden?

Datenschutzverstöße können formlos an verschieden Stellen gemeldet werden.
Sie sind zuerst einmal der oder dem Vorgesetzten zu melden und sicherheitshalber auch der oder dem betrieblichen oder behördlichen Datenschutzbeauftragten. Damit das Mitbestimmungsgremium auch von dem Verstoß erfährt und prüfen kann, ob es in Betrieb oder Verwaltung ähnliche Datenschutzverstöße gibt, sollte auch der Betriebs- oder Personalrat bzw. die Mitarbeitervertretung informiert werden.
Ist alles nicht erfolgreich, so kann auch eine Meldung nach dem Hinweisgeberschutzgesetz (HinSchG) an die interne Meldestelle erfolgreich sein.
Auch eine Meldung an die zuständige Aufsichtsbehörde für den Datenschutz ist denkbar.

98. Welche Rolle spielen die Datenschutzaufsichtsbehörden bei Verstößen?

Bei Verstößen, von denen Aufsichtsbehörden erfahren, werden sie den Sachverhalt prüfen. Also ob in dem konkreten Fall ein Datenschutzverstoß vorliegt.
Die zuständige Datenaufsichtsbehörde muss innerhalb von 72 Stunden nach einer Datenschutzpanne über den betrieblichen oder behördlichen Datenschutzbeauftragten eine Mitteilung über eine Datenschutzpanne erhalten, »… es sei denn, dass die Verletzung des Schutzes personenbezogener Daten voraussichtlich nicht zu einem Risiko für die Rechte und Freiheiten natürlicher Personen führt« (DSGVO).
Diese Mittelung muss u. a. enthalten:
Eine detaillierte Beschreibung der Art der Verletzung des Schutzes personenbezogener Daten, wer und wie viele Menschen in welcher Form davon betroffen sind und welche wahrscheinlichen Folgen die Datenschutzpanne

hat. Des Weiteren muss der Aufsichtsbehörde mitgeteilt werden, welche Maßnahmen zur Behebung der Datenschutzpanne und gegebenenfalls Maßnahmen zur Abmilderung ihrer möglichen nachteiligen Folgen vom Verantwortlichen ergriffen oder vorgeschlagen werden.
Enthält die an die Aufsichtsbehörde gemeldete Datenschutzpanne nicht gleich alle geforderten Informationen, so muss der Verantwortliche dies begründen und schnellstmöglich nachliefern.
Die Aufsichtsbehörde prüft dann, ob die ergriffenen Maßnahmen ausreichen. Wenn sie nicht ausreichen, kann die Aufsichtsbehörde weitere Maßnahmen fordern.

99. Welche Konsequenzen drohen bei Verstößen gegen die Informationspflichten?

Abhängig von der Schwere des Verstoßes und was für ein konkreter Schaden entstanden ist, verhängt die Aufsichtsbehörde bei Betrieben eine Geldstrafe. Bei schwerwiegenden Verstößen kann sich die Aufsichtsbehörde auch veranlasst sehen, den betroffenen Betrieb intensiver nach Datenschutzverstößen zu durchleuchten.
Gibt es einen Verstoß gegen die Informationspflichten im öffentlichen Dienst, kann eine Aufsichtsbehörde keine Geldstrafe verhängen. Sie kann aber auch dort verstärkte Kontrollen vornehmen.

100. Wann können Arbeitnehmer Schadensersatz fordern?

Schadensersatz an Beschäftigte ist für unterschiedliche Verstöße gegen das Datenschutzrecht denkbar. Es stellt sich in diesem Zusammenhang die Frage, ob ein materieller oder immaterieller Schaden durch die Nichteinhaltung der Datenschutzgesetze entstanden ist. Unter einen immateriellen Schaden versteht man einen Schaden am Körper (z. B. Angstzustände), der Freiheit, der Ehre oder wenn ein Kontrollverlust über die eigenen personenbezogenen Daten eingetreten ist.
Ein materieller Schaden kann beispielsweise entstehen, wenn Kontodaten offengelegt wurden.

Beide Schadensformen können zu einer Schmerzensgeldforderung führen. Eine Strafe kann es beispielsweise geben, wenn ein Arbeitgeber seiner Auskunftspflicht gegenüber Beschäftigten nicht nachkommt.
Das Auskunftsrecht von Beschäftigten gegenüber dem Arbeitgeber, also was hat mein Arbeitgeber über mich gespeichert, auf welcher gesetzlichen Grundlage und wer macht was mit diesen Daten, »dient« nur dazu, dass Beschäftigte prüfen können, ob der Arbeitgeber rechtmäßig mit meinen personenbezogenen Daten umgeht. Es ist nicht dazu gedacht, dass Beschäftigte beispielsweise durch das Auskunftsrecht den Nachweis erhalten, dass ihnen noch die Bezahlung von Überstunden zustehen.
Der Europäische Gerichtshof (EuGH) hat geurteilt, dass es einen direkten Zusammenhang zwischen dem Verstoß und dem Schaden geben muss, damit ein Schadensersatzanspruch entsteht. Grundlage dafür kann jeder Verstoß gegen die DSGVO sein. Dabei gibt es keine Bagatellgrenze. Übersetzt bedeutet dies, dass auch kleinste Schäden entschädigt werden müssen. Zukünftig wird auch der folgende Satz in einem Urteil des EuGH für Gerichtsurteile eine große Bedeutung haben: »Der Schaden durch Verletzungen des Schutzes personenbezogener Daten ist seiner Natur nach nicht weniger schwerwiegend als eine Körperverletzung.«
Gleichwohl soll, nach dem Willen des EuGH, der Schadensersatzanspruch keine abschreckende Wirkung haben, sondern den entstandenen Schaden »nur« ausgleichen.
Sowohl bei einem materiellen wie auch einem immateriellen Schaden wird es trotzdem nicht leicht sein, den tatsächlich und konkret entstandenen Schaden nachzuweisen.
Wer einen Schadensersatzanspruch gegenüber dem Arbeitgeber durchsetzen will, wird im Regelfall gegen ihn klagen müssen.

101. Wie können sich Arbeitgeber gegen Datenschutzverstöße absichern?

Eine Versicherung können sie dazu nicht abschließen. Um Datenschutzverstöße zu vermeiden, muss ein Arbeitgeber ein klares Datenschutzkonzept haben. Dieses wird normalerweise in Zusammenarbeit des betrieblichen oder behördlichen Datenschutzbeauftragten mit der IT und den Stellen, die personenbezogene Daten verarbeiten erstellt. Zudem benöti-

gen die Beschäftigten klare, schriftliche Handlungsanweisungen, wie sie mit personenbezogenen Daten umzugehen haben.
Um Datenschutzverstöße zu vermeiden, müssen die Beschäftigten regelmäßig im Umgang mit personenbezogenen Daten geschult werden.
Der Datenschutzbeauftragte, der ja direkt dem Verantwortlichen, also dem Arbeitgeber unterstellt ist, muss zudem regelmäßig den Umgang mit personenbezogenen Daten prüfen und gegebenenfalls Handlungsanweisungen geben.

102. Welche Rolle spielen Betriebs- und Personalräte bzw. Mitarbeitervertretungen bei Datenschutzverstößen?

Wenn es Datenschutzverstöße im Beschäftigtenschutz gibt, so werden Betriebs- und Personalräte bzw. Mitarbeitervertretungen aktiv. Ist der Verstoß noch nicht bekannt, so informieren sie den Arbeitgeber, den Datenschutzbeauftragten und eventuell die IT über den Vorfall. Grundsätzlich halten sich Mitbestimmungsgremien bei Datenschutzverstößen im Beschäftigtenschutz auf dem Laufenden und suchen das Gespräch mit dem Datenschutzbeauftragten. Das kann auch dazu führen, dass sie Kontakt mit dem zuständigen Landes- oder Bundesbeauftragten für Datenschutz aufnehmen, um zu klären, ob der Betrieb oder die Behörde richtig und ausreichend auf den Verstoß reagiert hat.
Kommt es zu einem Datenschutzverstoß im Gremium, so muss der Verstoß, wenn von ihm eine Gefährdung ausgeht, sofort gemeldet werden. Die Meldung umfasst allen wichtigen Informationen zum Verstoß und muss an den betrieblichen oder behördlichen Datenschutzbeauftragten und den Arbeitgeber gemeldet werden (siehe Frage 98).

Literaturhinweise

Bundesbeauftragte für den Datenschutz und die Informationsfreiheit (BfDI), DSGVO – BDSG – Texte und Erläuterung, (BfDI-Info 1).
Eine kurze Einführung in die DSGVO und das BDSG mit den Gesetzestexten. Kostenlos als gedrucktes Exemplar oder als PDF unter *https://www.bfdi.bund.de/DE/Service/Publikationen/Broschueren/broschueren_node.html*

Däubler, Gläserne Belegschaften. Das Handbuch zum Beschäftigtendatenschutz, 10. Auflage, 2025
Der Vorteil gegenüber einer Kommentierung ist, dass hier nicht nach Paragrafen und Gesetzen gegliedert ist, sondern nach Themen.

Däubler/Klengel, KI im Betrieb. Handbuch für die Praxis in Betrieben und Behörden – mit Empfehlungen, Musterformulierungen und Checklisten, 1. Aufl., 2025

Däubler/Wedde/Weichert, EU-DSGVO und BDSG, 4. Auflage, 2026
Wichtiger Kommentar zur DSGVO und dem BDSG. Obwohl er viele Seiten hat, beschäftigt er sich nur mit Fragestellungen, die beim Datenschutz für Beschäftigte bzw. mit den entsprechenden Mitbestimmungsregelungen eine Rolle spielen.

Haverkamp, Datenschutz. Grundlagen, Empfehlungen und Arbeitshilfen für Betriebs und Personalräte, 4. Aufl., 2025
Ein Buch für die praktische Umsetzung des Datenschutzes für Betriebs- und Personalräte.

Wedde (Hrsg.), Handbuch Datenschutz und Mitbestimmung, 4. Aufl., 2026
Ähnlicher Ansatz wie der Kommentar zur EU-DSGVO und BDSG.

Stichwortverzeichnis

Kompetenz verbindet

Lugowski / Wagner

Der Einsatz von KI in der Arbeitswelt

DSGVO und KI-Verordnung – Funktion und Anwendungsszenarien – Schulungen und Richtlinien
2025. 105 Seiten, kartoniert
€ 24,-
ISBN 978-3-7663-7506-3

Der Einsatz von Künstlicher Intelligenz (KI) verändert die Arbeitswelt nachhaltig – sowohl in Betrieben als auch in Behörden. Doch wie lässt sich KI sicher und verantwortungsvoll einsetzen? Dieser kompakte Leitfaden behandelt in 100 praxisnahen Fragen und Antworten alles, was Interessenvertretungen, Personalverantwortliche und Datenschutzbeauftragte wissen müssen. Besonderes Augenmerk liegt auf der generativen KI, wie Sprachmodellen (z.B. ChatGPT) und Bildgeneratoren (z.B. Midjourney).

Die Leserinnen und Leser erfahren, wie KI funktioniert, welche Chancen und Risiken bestehen und welche rechtlichen Vor-gaben – wie DSGVO und die europäische KI-Verordnung – zu beachten sind. Ideal für alle, die konkrete und verständliche Lösungen für den KI-Einsatz in der Arbeitswelt suchen.

Aus dem Inhalt:
- 100 praxisnahe Fragen und Antworten zum Einsatz von generativer KI
- Beispiele, Grafiken und Checklisten zur Unterstützung im Arbeitsalltag
- Im Fokus: datenschutzrechtliche und arbeitsrechtliche Vorgaben

Bund-Verlag